Aprenda a administrar seu tempo eficazmente

Robert M. Hochheiser

Aprenda a administrar seu tempo eficazmente

Tradução
Paulo Lopes

temas de hoje.

GESTÃO 2000

Título do original: Time Menagement

Capa: Jordi Xicart
Coordenação editorial: Marcelo Gomes
Revisão: Anderson Aparecido da Silva
Diagramação: Globaltec Produções Gráficas

Dados Internacionais de Catalogação na Publicação (CIP)
(Câmara Brasileira do Livro, SP, Brasil)

Hochheiser, Robert M., 1936-
Aprenda a administrar seu tempo eficazmente / Robert M. Hochheiser ; tradução Paulo Lopes. — São Paulo : Editora Planeta do Brasil, 2005. — (Gestão 2000)

Título original: Time menagement.
ISBN 85-89885-54-2

1. Auto-ajuda – Técnicas 2. Tempo – Administração I. Título. II. Série.

05-3974 CDD-650.1

Índices para catálogo sistemático:

1. Administração do Tempo 650.1
2. Tempo : Administração 650.1

2005

Editora Planeta do Brasil Ltda.
Alameda Ministro Rocha Azevedo, 346 – 8º andar
01410-000 – São Paulo-SP
vendas@editoraplaneta.com.br

Visite o site: www.gestion2000.com

SUMÁRIO

1
Elementos básicos

Áreas onde a gestão do tempo costuma apresentar mais dificuldades e princípios para controlá-las

Devo governar o relógio,
não deixar que ele me governe.

GOLDA MEIR

Vencedores e chorões

Quem vence no mundo são as pessoas que fazem as coisas. Além de realizarem em seu trabalho um número aparentemente interminável de tarefas, muitas levam uma vida pessoal ativa. Aconteça o que acontecer, sempre têm tempo de realizar tudo a que se propõem. Os chorões, por outro lado, não conseguem fazer mais de uma coisa sem se sentir oprimidos ou desabar, e sempre dispõem de um monte de argumentos para justificar sua falta de produtividade.

Mas a maior diferença entre os vencedores e os chorões não está na habilidade para encontrar desculpas, nem tampouco na capacidade de prescindir do sono e trabalhar a noite toda. A diferença fundamental é que os vencedores controlam seu tempo, enquanto os chorões permitem que ele *seja* controlado por todos os indivíduos e motivos imagináveis.

Pense em um pretexto qualquer. É muito provável que neste exato momento alguém o esteja utilizando para justificar sua falta de tempo. Estas são as desculpas mais conhecidas: surgiu um problema inesperado, havia muitas outras tarefas pendentes, o telefone tocava tanto que era impossível se concentrar, um cliente de fora da cidade apareceu sem avisar, não havia informações, dinheiro ou pessoas o bastante para começar ou terminar uma tarefa a tempo.

Claro que estas coisas ocorrem. Acontecem com todos nós, e de vez em quando nos obrigam a mudar nossos planos. Porém, em um determinado momento, deixam de ser boas razões para uma falta de tempo e tornam-se simplesmente desculpas esfarrapadas. Quando terminar de ler este livro, você compreenderá que é possível prever e superar cada um destes obstáculos.

A próxima vez que encontrar alguém capaz de fazer várias coisas ao mesmo tempo, preste atenção nele. Os vencedores dividem seu tempo de acordo com seus objetivos. Se somarem todos os instantes que compõem um dia, sua produção pode ser enorme, mas em cada momento realizam uma única tarefa. Uma e nada mais, Concentram *toda* a sua atenção em uma direção e não permitem que nada os distraia. E quando acabam uma tarefa ou projeto, passam logo para o que desejam fazer a seguir.

Isto é a gestão do tempo *na prática*. Seu planejamento parte de uma série de decisões como:

- O que fazer em um determinado momento.
- A melhor forma de fazê-lo.
- O que fazer em seguida.
- O modo eficaz de "trocar de marcha" de uma atividade para a outra.

A gestão do tempo não consiste apenas em abordar duas atividades isoladas. Constitui um processo que se desenvolve ao longo de toda a vida e envolve milhares de atividades. Para *dirigir este processo* você tem que elaborar e responder continuamente uma série de perguntas:

- O que quero fazer?
- Quando tenho de interromper isso?
- Qual é o máximo que terei conseguido então?
- O que devo fazer primeiro?
- Quando posso começar?
- Quando devo começar?
- O que farei quando um de meus objetivos competir por tempo com outro?
- O que pode atrapalhar meus planos?
- O que devo fazer se *isso* acontecer?
- Quem pode me ajudar e como farei para convencê-lo a me ajudar?
- Como supervisionarei o meu progresso para estar seguro de que controlo meu tempo, até atingir meus objetivos?

Depois de ler os próximos capítulos, você será capaz de responder estas perguntas.

Tanto quanto o dinheiro, o talento, e as amizades influentes, o tempo é um recurso que deve ser utilizado para atingir alguns objetivos. Você sempre poderá ganhar mais dinheiro, desenvolver novas aptidões e fazer novos amigos, mas nunca poderá criar tempo. Desde este momento até qualquer ponto no futuro, a falta de tempo é imutável. Não é possível aumentá-lo nem prescindir do sono durante todo este período. Na melhor das hipóteses, o tempo que você pode dedicar a qualquer tarefa será menor do que gostaria.

Se lhe faltar tempo para fazer algo hoje, sempre será

possível tentar amanhã. Mas, e se você já pensava em fazer outra coisa amanhã? Esta "outra coisa" será adiada até outro momento, mesmo que para realizá-la seja necessário atrasar uma terceira. É isso que ocorre com a maioria das pessoas: boa parte do que pretendemos fazer acaba atrasando; demoramos tanto para atingir alguns de nossos objetivos, que sua utilidade diminui e jamais estabelecemos outros.

Não permita que estes sejam os seus resultados. Quanto mais desejar fazer algo, maior deverá ser a sua destreza para aproveitar ao máximo cada minuto que dispõe. Para que isso seja possível, você tem de evitar ou superar os problemas relativos à gestão do tempo.

Áreas difíceis na gestão do tempo

A maioria das dificuldades da gestão do tempo tem sua origem em uma ou mais das seguintes falhas:

Comportar-se como se o tempo fosse uma mercadoria barata

Benjamin Franklin dizia que o "tempo é ouro". Mas ele não foi longe o bastante. O tempo vale *mais* do que ouro. Se alguém perde dinheiro ou não o investe tão apropriadamente como poderia, sempre é possível ganhar mais.

O mesmo não pode ser feito com o tempo. Não é algo que possa ser fabricado. Se não tirar o máximo proveito de uma hora ou mesmo de um minuto, não terá a oportunidade de voltar a fazê-lo. Você pode ser capaz de tentar outra vez e conseguir o que pretendia, mas não no mesmo período de tempo. Este já faz parte do passado, é história, desapareceu para sempre. Quando irá dispor de um período na sua agenda que não esteja reservado para algo ainda mais importante? Pode ser dentro de alguns minutos, ou talvez esteja tão ocupado que não disponha de tempo até a próxima semana ou o mês seguinte.

Ainda que possa esperar e, digamos, descontar o prejuízo em uma segunda oportunidade, você pagará um preço. Em vez de atingir dois objetivos em dois períodos de tempo, terá atingido apenas um, e sua produtividade será apenas a metade do que poderia ser se tivesse utilizado esse segundo período para desempenhar alguma outra tarefa.

E se o preço por essa espera for proibitivo? E se nesse meio-tempo for atropelado por um caminhão? Não pretendo ser pessimista nem exagerado, mas simplesmente salientar que ninguém vive eternamente e são muito poucos os que dispõem de algumas horas adicionais para oferecer. Haverá prejuízo para o seu trabalho, o seu negócio ou a sua família se você nunca tiver a oportunidade de tentar novamente?

E se tiver essa oportunidade, mas apenas depois de alguns dias ou semanas? Aproveite como se jamais pudesse tentar de novo, e provavelmente se esforçará bem mais na primeira vez.

Empenhe-se em extrair o máximo de *cada* hora e de *cada* minuto. Se tentar realizar algo e o resultado não se aproximar do que gostaria de obter, não considere a experiência simplesmente um fracasso. Talvez sua técnica seja tão ruim que, a menos que realize algumas mudanças, você não triunfará por mais que tente.

Aproveite a situação para tirar algumas coisas a limpo. Determine *por que* não obteve os resultados esperados e *o que* deve fazer de diferente na próxima vez.

Mais algumas palavras a respeito do *valor* do tempo. Sabemos que uma hora tem sessenta minutos. Mas você leva isso em consideração? Muitas pessoas falam de uma forma que nos leva a crer que sessenta é essencialmente o mesmo que setenta e cinco, e que não há muita diferença entre uma cifra e outra. Estão equivocados, há uma *grande* diferença.

Talvez quinze minutos não lhe pareçam grande coisa, mas os minutos *não* são de pouca importância. Quinze minutos por dia representam mais de noventa horas no final de um ano. Isto significa quase quatro dias, ou dez jornadas de nove horas de trabalho. Você dispõe de tanto tempo para desperdiçar? Se não for o caso, não se comporte como se dispusesse.

Seja preciso no seu modo de encarar o tempo. Se conseguir realizar algo em quarenta e cinco minutos, ótimo. Por outro lado, quando você disser uma hora e se dispuser a fazer algo em uma hora, isso *significa* uma hora, sessenta minutos, não setenta ou oitenta, nem tampouco quarenta ou cinqüenta. Deseja se prevenir contra fatores que não estão sob seu controle? Sem problema algum: reserve um tempo para isso. Mas deve ser pouco; um intervalo entre 59 e 61 minutos pode ser pequeno demais para atender todas as possíveis contingências, mas entre 55 e 65 minutos há uma estimativa razoável. Um intervalo maior indicará um planejamento mal-feito ou com desperdícios.

Adiamento

Não há nada de mal em adiar uma tarefa porque há outras mais importantes ou porque suas possibilidades econômicas ou seu tempo são limitados. Mas tenha cuidado: muitas oportunidades não aparecem duas vezes. Ainda que estejam ao seu alcance, se você as postergar porque está ocupado, talvez se veja obrigado a abordá-las em um momento em que estará ainda mais atarefado.

A decisão de fazer algo em um momento ou deixá-lo para mais tarde deve ser tomada com base na importância que tem aquilo que irá fazer, não segundo o volume da tarefa. Se *isso* é importante, talvez seja melhor fazer agora mesmo!

Ausência de prioridades

Alguns interesses podem ser adiados sem que você sofra uma perda ou realize um sacrifício, mas outros não admitem atraso. Você deve ser capaz de determinar quem é quem em cada caso, e estar disposto a classificar as tarefas por ordem de importância. Quem não estabelece prioridades tem dificuldade em distinguir o que deseja fazer imediatamente e o que deve fazer para atingir seus objetivos a longo prazo.

Planejamento deficiente ou inexistente

Uma das chaves para uma gestão eficaz do tempo consiste em determinar de antemão como deseja utilizar os intervalos de tempo de que dispõe. Isso significa saber exatamente como deseja utilizar cada minuto durante os próximos dias.

Se não tiver um plano, ao tomar decisões sobre como investir seu tempo, você será obrigado a parar, pensar, determinar as coisas e começar novamente. Se dispuser de um plano, suas opções já estarão estabelecidas; não haverá necessidade de determiná-las cada vez que tiver de tomar uma decisão. O tempo não pára, nem as pessoas que sabem tirar maior proveito dele. Por que você deveria parar?

Preparativos inadequados para contingências

Nenhum plano é perfeito. A menos que disponha de um plano de emergência que lhe indique o que deve fazer se suas intenções iniciais não se confirmarem, é possível que não saiba como se adaptar a circunstâncias imprevistas, ficando incapaz de agir.

Se o inesperado surge a cada dia ou com muita freqüência, deixe de se surpreender. Estabeleça e atenha-se a planos de contingência que incluam os imprevistos, lembrando-se de levar em consideração as prioridades vitais em todas as circunstâncias.

Tentar fazer tudo sozinho

Você é capaz de organizar, motivar, dirigir, e até mesmo desempenhar parte do trabalho. Mas não pode fazer tudo sozinho e seria estupidez tentar. Sem forças suficientemente grandes e bem armadas, nem mesmo os melhores militares ganham batalhas. Da mesma forma, sua estratégia de gestão do tempo tem de ser brilhante, e fracassará se você não der a motivação necessária para as pessoas certas.

Isso não quer dizer que não seja possível se sair bem sem vários subordinados. Pelo contrário, um indivíduo é capaz de seguir em frente mesmo com uma empresa de uma única pessoa. Mas fazem falta outras pessoas para que essa empresa tenha êxito; é preciso motivar os clientes para que comprem, motivar os fornecedores para que ofereçam condições favoráveis e motivar as instituições bancárias para que proporcionem financiamento ou referências creditícias.

Existem outras questões complexas, como encontrar, recrutar, contratar, organizar e conservar as pessoas adequadas com o talento necessário. Tudo isto leva tempo. Se não levar isso em conta e não incluir em seu planejamento, o resto do plano sofrerá as conseqüências.

Não confia em seus funcionários? Substitua-os. Mas se descobrir que não é capaz de confiar nas pessoas, sejam elas quem forem, o problema talvez esteja em sua falta de disposição para delegar. A melhor maneira de formar uma equipe confiável consiste em contratar as pessoas mais capacitadas que puder e explicar claramente o que deseja delas. Depois afaste-se e deixe que façam seu trabalho.

Obviamente, você tem de saber o que está acontecendo, e seus informantes devem mantê-lo a par dos problemas ou mudanças na programação. Mas é preciso haver um equilíbrio. Você não ganhará tempo se designar tarefas aos demais e logo em seguida ficar observando-os, desconfiando do seu comportamento.

Se carecer de pessoal, existem outros meios de obter ajuda para a tarefa que você tem de realizar. Talvez alguém do mesmo nível que o seu lhe deva um favor que agora possa cobrar, ou talvez você consiga prometer a certos companheiros um futuro favor se lhe ajudarem em seu trabalho.

Insensibilidade perante as necessidades do outros

Se você controla seu tempo impedindo seus subordinados e companheiros de controlar o deles, isso os obrigará a competir com você em vez de cooperarem pelo bem comum. É muito fácil cometer o erro de exercer um controle excessivo, que obriga as pessoas com quem trabalha a enfrentá-lo para conseguirem o que desejam.

Se estiverem no mesmo nível hierárquico que o seu, pelo menos alguns lhe dirão diretamente para não se intrometer. Mas se você for o chefe, talvez considerem que não há outro remédio senão fazer o que disse. No entanto, isso não significa que eles renderão o máximo. Pelo contrário, se sentirão ofendidos e renderão o mínimo necessário para manterem seus empregos. Se acharem que você não valoriza suas idéias, deixarão de comunicá-las a você. Quando isso ocorrer, você terá de pensar por eles e por você, e sua tarefa levará muito mais tempo.

Se o que deseja das pessoas é que tenham entusiasmo e o ajudem a controlar seu próprio tempo, você não pode forçá-las. Só obterá êxito se tiver sensibilidade e encontrar uma maneira de trabalharem juntos, em equipe.

Abuso do telefone

Você quer realizar uma certa tarefa, mas não consegue. Parece que todo mundo decidiu lhe telefonar. As constantes interrupções o deixam louco. Muitas vezes, o motivo do telefonema pode esperar. Em outras pode ser crucial que você tome medidas imediatas. Mas enquanto não atender e iniciar uma conversa, você não saberá a importância da ligação.

É possível que, uma vez iniciada a conversa pelo telefone, seu interlocutor comece a divagar em vez de se concentrar no motivo do telefonema, falando muito mais do que você, ansioso por voltar ao trabalho, gostaria.

É preciso responder a cada telefonema e ouvir o que lhe dizem? É claro que não; *existem* alternativas. Por exemplo, você pode dispor de pessoas ou aparatos que selecionem as chamadas, podendo decidir como conversar com diferentes interlocutores. Em outras palavras, você pode assumir o controle do telefone em vez de ser controlado por ele.

Reuniões em excesso

As empresas contratam as pessoas para que *trabalhem*, não para que simplesmente falem do trabalho. No entanto, devido à forma de operar de muitas empresas, os empregados se vêem obrigados a saltar de uma reunião para outra. Não é de estranhar que muitos deles tenham de ficar até mais tarde no escritório para terminar suas tarefas.

Logicamente, as pessoas cujas tarefas se superpõem têm de estar em comunicação. Às vezes, isso significa se reunir e falar. Mas a maioria das reuniões é mal organizada e consome mais tempo do que deveria. Em vez de realizar o trabalho necessário, muitas vezes passamos horas e horas em reuniões. Se você for esperto, aprenderá a comandar com eficácia uma reunião e a fazer bom uso de seu tempo, inclusive quando a reunião for convocada por outra pessoa.

Um escravo do relógio

Algumas pessoas só se preocupam em trabalhar depressa para acabar logo. Como resultado, seu trabalho freqüentemente não é tão bom como poderia. Talvez trabalhem com tanta pressa que cometam erros estúpidos. Mas como são escravos do relógio, se preocupam muito mais em cumprir sua agenda do que com a qualidade da sua tarefa.

Controlar o tempo significa muito mais do que ser rápido. Implica ser capaz de parar de vez em quando, relaxar, falar – inclusive de contemplar o pôr-do-sol, se é isso que deseja – e conseguir *além disso* que tudo seja feito dentro do tempo previsto.

Falta de compromisso

Você não conseguirá controlar bem o tempo limitando-se a fazer isso das nove às cinco de segunda a sexta-feira. Cada semana tem 168 horas e não apenas as quarenta ou cinqüenta em que fica no escritório. Ainda que afirme não ter tempo, é provável que você disponha de muito mais do que supõe, mas não se esforça o suficiente para encontrá-lo e utilizá-lo em seu benefício.

A gestão do tempo não é simplesmente uma questão de cumprir prazos estabelecidos. Requer pensar de antemão, planejar com antecipação e assegurar-se de que dedica todo o tempo possível para atender suas prioridades, e não simplesmente as que são impostas por seu trabalho, por sua família ou por suas obrigações sociais.

Crer que a gestão do tempo adquire maior importância no último minuto

Esta é uma tremenda estupidez. As primeiras etapas de uma tarefa são tão importantes quanto as demais. As encenações no último minuto antes de cumprir um prazo freqüentemente evidenciam uma deficiência ou inexistência de planejamento e controle ao longo da tarefa.

Reagir em vez de agir

Em vez de agirmos decisivamente nos encarregando de uma tarefa, muitas vezes caímos na armadilha de reagir às circunstâncias adaptando nosso calendário em função disso. Quando agimos dessa forma, não controlamos nosso tempo; ele é controlado em nosso nome por outras pessoas com as quais trabalhamos e pelo que ocorre ao nosso redor.

Sucumbir a esses problemas não implica uma debilidade de sua parte; significa simplesmente que você é um ser humano. A maioria dos problemas com o controle do tempo ocorre porque, estando sob pressão, nem sempre as pessoas pensam racionalmente. Mas se dispuser de um plano sólido, com prioridades definidas e cobertura para todas as contingências razoáveis, você terá condições de controlar o seu tempo, sejam quais forem as pressões que enfrentar. Os capítulos a seguir mostrarão como.

2
Prioridades

Não é possível controlar o seu tempo sem estabelecer uma ordem: "O primeiro vem primeiro"

Não deixe para amanhã
o que pode fazer hoje.

CONDE DE CHESTERFIELD

Opções

Este dito popular é uma advertência contra o adiamento. Formulado em 1749, tornou-se um tanto inadequado para as necessidades atuais. Hoje em dia, muitas pessoas deixam as coisas para o dia seguinte, ou até mesmo para mais adiante. Não se trata de um indício de ineficiência, mas de uma gestão consciencios a do tempo.

O fato de que você *pode* fazer algo agora não significa necessariamente que você *tenha* de fazê-lo imediatamente. Quando são muitas as tarefas a serem realizadas e o tempo é escasso, você não deve fazer nada além de cumprir de seus objetivos mais urgentes. Todo o resto, você terá de "deixar para amanhã", ou até que se torne prioritário o suficiente para justificar sua realização imediata.

É evidente que todas as tarefas e projetos não possuem a mesma importância. Portanto, o lema "o primeiro vem primeiro" é a essência de uma boa gestão de tempo. Pressionadas pelo acúmulo de tarefas e pela pequena disponibilidade de tempo para realizá-las, mesmo aquelas pessoas que sabem administrar melhor o seu tempo, em algumas ocasiões se sentem tão afetadas emocionalmente pelo cansaço de uma jornada que reagem diante da situação ou da pessoa que exerce maior pressão.

Também é possível que as pessoas que se sentem pressionadas:

- Resolvam os problemas na ordem em que se apresentam.
- Realizem primeiro as tarefas fáceis.
- Se ocupem antes dos trabalhos mais difíceis, com a idéia de que essa é a forma mais rápida e direta de se desvencilhar deles.

Mesmo que se sinta inclinado a seguir em uma dessas direções, evite-o a qualquer preço. Abordar os problemas na ordem em que se apresentam pode ser adequado em algumas circunstâncias: por exemplo, determinar quem deve ser atendido primeiro na padaria. Mas na maioria das vezes é uma prova de inércia, ou até mesmo de ineficiência. O mesmo ocorre com qualquer outra forma de reação cega diante das circunstâncias, sem considerar as conseqüências de suas ações.

Formalização do processo

A próxima vez que achar que não tem tempo suficiente, reflita novamente. Talvez descubra que *dispõe* do tempo que necessita, se tiver coragem suficiente para tomar decisões que podem ser difíceis.

- Compare o que deseja fazer com aquilo que já faz ou planeja fazer.
- Pergunte-se quanto pode ganhar em um caso e no outro.

- Pergunte-se quanto pode perder se *não* fizer uma ou outra coisa.
- Considere *todas* as suas opções.

O resultado será uma lista de prioridades que lhe indicará o que deve fazer em primeiro lugar, o que fazer depois disso, e assim por diante, de modo que seus benefícios sejam máximos e suas perdas mínimas.

A melhor maneira de proceder consiste em examinar sua situação considerando *todas* as ramificações de suas ações. Para isso, antes de estabelecer ou mudar suas prioridades, você deve levar em conta o seguinte:

- **Não adote (nem modifique) uma ação sem ter tomado uma decisão consciente para fazê-lo.** Não dê um passo sem antes se perguntar se há algo mais importante para fazer.
  Não faça nada por hábito, a não ser analisar constantemente suas prioridades para certificar-se de que continuam válidas. Garanta que aquilo que você e seus funcionários fazem reflete suas principais prioridades de *agora*, não as de depois nem as de uma hora antes.
- **Acima de tudo, preste atenção nas necessidades daqueles que podem favorecê-lo ou prejudicá-lo.** Clientes e superiores, por exemplo, se encontram em situação de promover ou obstruir seus objetivos e suas ambições; portanto, não se esqueça de mantê-los satisfeitos.
- **Comporte-se como um líder, não como um imitador.** A escolha de suas prioridades só constituirá um problema se um objetivo conflitar com outro. É aqui que importa a boa gestão. Certamente, você pode

exercer outras funções que não a de ser uma mera presença diante da sua mesa de trabalho. Recorra totalmente à sua autoridade a fim de evitar conflitos. Quando faltar tempo para fazer algo, organize as tarefas e designe alguém para realizá-las. Talvez descubra que aproveitaria melhor o seu tempo se contratasse um consultor ou um especialista autônomo.

- **Atenda primeiro as prioridades que podem desaparecer se não forem atendidas imediatamente**. Talvez você disponha de uma possibilidade limitada para capitalizar uma situação. Se for assim, pode ser que não lhe reste outra opção senão agir imediatamente.
- **Opte pelo máximo de ganho com o mínimo de perdas**. Esta é a essência para eleger as prioridades. Realize primeiro aquilo cujo cumprimento lhe traga os maiores benefícios e deixe para o final aquilo cujo atraso acarrete as menores perdas.
- **Diferencie as coisas que deve fazer das que se sente obrigado a fazer ou que gostaria de realizar**. Se precisar escolher entre diversas opções para realizar uma primeiro, examine cada uma delas para determinar qual se encaixa melhor na categoria do que "deve fazer".

Talvez você tenha dificuldade em selecionar suas principais prioridades tendo apenas isto como base, mas não é preciso limitar-se a isto. Se procurar aproveitar as oportunidades, fazendo com que seu chefe se sinta satisfeito e tentando garantir os maiores ganhos com as menores perdas, as tarefas e atividades que "deve fazer" se tornarão evidentes mais rapidamente.

Exemplos de seleção de prioridades:

1. Você recebe uma ligação de um amigo muito querido, mas que fala demais. Está pressionado pelo trabalho e seus prazos são rígidos. Portanto, decida não se deixar arrastar em uma conversa. Diga-lhe que não pode falar agora, explicando sua situação, e prometa retornar a ligação quando sair do apuro em que se encontra, mostrando-se firme em sua decisão de continuar trabalhando.
2. Você e seu chefe têm opiniões diferentes sobre o modo de proceder em determinado assunto. Formule seu ponto de vista com toda a clareza e energia que puder, mas se seu chefe não ceder e insistir que siga adiante de acordo com a opinião dele, e não com a sua, engula seu orgulho e obedeça suas ordens.

   Sim, é possível que você tenha razão e que seu chefe esteja equivocado. Talvez você tenha uma forma de demonstrar isso sem se colocar em uma posição perigosa, correndo o risco de perder seu emprego caso se recuse a fazer o que lhe foi pedido. Qual é a sua principal prioridade? Mostrar que você tem razão, ou se assegurar de que algo seja feito, garantindo seu emprego ou promovendo sua carreira durante este processo? Desde que não tenha de realizar algo ilegal ou antiético, faça-o! Se for realmente um erro, você estará justificado. De qualquer forma, será estimado como alguém que contribui na realização das tarefas em vez de perder tempo discutindo.
3. Um gerente da empresa em que trabalha o convidou para uma reunião que você deseja assistir. Mas esta convocação é para o dia seguinte às nove da manhã, e a essa hora você estará em uma viagem de tra-

balho e não pode adiá-la. Explique seu conflito ao gerente e pergunte se é possível adiar a reunião; o gerente responde que convocou outras dez pessoas que não aceitariam o adiamento.

Esta situação não o deixa completamente desamparado. Talvez você não possa mudar seus planos, mas pode ser que disponha de algum subordinado para lhe informar quando regressar. Ou é possível que algum dos gerentes que irão assistir a reunião lhe deva um favor e você possa pedir para ele fazer anotações e redigir um relatório sobre o que foi discutido.

4. Como chefe de vendas de uma seção, você recebe uma ligação de um tal senhor Smith, um cliente que deseja uma visita sua na manhã seguinte. O senhor Smith já havia prometido várias vezes que faria um grande pedido, mas nunca o formalizou.

   Este caso também não é diferente. Ele garante que abrirá uma concorrência oficial, e que precisa de alguns elementos para construir alguns protótipos sobre os quais irá basear sua proposta. Mesmo não se tratando de um cliente importante, você promete atendê-lo em seu escritório às nove da manhã. Mas assim que desliga o telefone, ele volta a tocar. Quem fala agora é o senhor Jones, seu cliente mais importante, que também deseja vê-lo no dia seguinte. Você sugere encontrá-lo depois do almoço, mas ele lhe explica que pegará um avião ao meio-dia e que ficará fora do país por três semanas. Ele *precisa* vê-lo logo de manhã para finalizar os planos de um novo projeto. Pelo que o senhor Jones disse, se você o atender às nove, o produto que vende estará seguramente introduzido no projeto quando ele embarcar no avião, e o resultado será a maior venda de sua carreira.

É evidente que sua principal prioridade é se encontrar com o senhor Jones na manhã seguinte. Mas talvez haja outra opção. Você pode convencer o senhor Jones que é melhor encontrá-lo hoje, talvez dentro de uma hora, ou para jantarem juntos. Desta forma – você pode argumentar - ambos poderão estudar minuciosamente suas necessidades, sem pressa para terminar, antes que ele tenha que ir ao aeroporto.

Além disso, você pode conseguir que o seu chefe o acompanhe. Neste caso, pode acrescentar ao senhor Jones que há outro motivo para que não esperem até amanhã; seu chefe não poderia ir, mas se o encontro ocorrer nesta tarde, ele respaldaria os acordos aos quais chegassem.

Se não conseguir encontrar o senhor Jones hoje, essa será sua principal prioridade amanhã de manhã; isso não significa que visitar o senhor Smith tenha prioridade zero. Você pode ligar para o senhor Smith para agendar uma nova visita. Seja diplomático e diga que surgiu uma emergência imprevista. Talvez ele esteja disposto a recebê-lo amanhã à tarde, depois que o senhor Jones já tiver deixado a cidade.

Prioridades ao começar em um novo emprego ... ou em uma nova tarefa em seu emprego habitual

Muito bem, você irá começar a trabalhar em um novo emprego, talvez seu primeiro como gerente. Utilize estas orientações como um guia das prioridades nas quais inicialmente deve prestar mais atenção:

1. Reúna-se com seu chefe para pedir sua opinião (caso ele ainda não a tenha manifestado) sobre as seguintes questões:

- Suas responsabilidades.
- Limites da sua autoridade.
- Critérios pelos quais será avaliado.
- Tarefas que deve abordar primeiro.
- Recursos de que dispõe, como pessoal, financiamento, equipamento, escritório e tempo.

Não é necessário exigir estas informações desde já, pois talvez elas não estejam disponíveis, ou sejam pouco estruturadas, mas solicitá-las não irá prejudicá-lo. Se seu chefe perguntar por que deseja esclarecer estas questões, responda que não gosta de perder tempo fazendo suposições errôneas e agindo de uma maneira completamente diferente da que esperam de você.

2. Reúna-se com todas as pessoas subordinadas a você garantindo que todas saibam como deseja trabalhar, quais serão as prioridades de cada uma delas e os resultados que você espera.

   Quanto melhor o seu pessoal souber o que deve fazer e o que é esperado deles, menor será a freqüência com que terão de interromper o trabalho deles e o seu para averiguar o que devem fazer a seguir.

   O mesmo conceito é válido quando você passa de um objetivo para outro dentro da mesma função. Assim que lhe encomendarem uma nova tarefa, sua principal prioridade é solicitar a seu chefe uma descrição clara de:

- Os resultados esperados.
- O tempo disponível para concluí-la.
- O orçamento disponível em termos financeiros e de outros recursos.
- Se a nova tarefa implica uma mudança em sua autoridade e em suas responsabilidades habituais.

Sua próxima prioridade consiste em traçar um plano onde irá expor seu calendário e as responsabilidades das pessoas que o ajudarão. No princípio isto consumirá algum tempo, mas evitará confusões e poupará tempo mais tarde, pois você estará seguro de que cada colaborador sabe que parte do trabalho lhe cabe em cada circunstância, e quando deve terminá-la.

3
Passo a passo

Divida suas prioridades em partes operáveis

Uma viagem de mil quilômetros
Começa com um único passo.

Esopo

Divida e vencerá

Talvez você pareça incompetente e, na verdade, talvez seja. Mas não há razão para dar mostras disso Para evitar que as pessoas tenham essa impressão, faça como os especialistas. Realize apenas uma coisa por vez, o mais rápido e melhor que puder. Nunca deixe de proceder desta forma. Repita este processo imediatamente com outra coisa, e a seguir com uma terceira. Adquira este hábito e sua produtividade se multiplicará.

A razão pela qual deve administrar seu tempo fundamenta-se em garantir que terá tempo o bastante para atender objetivos específicos em um momento futuro específico. Seus objetivos são prioridades que você deve estabelecer de antemão, não importa se pretende atingi-los dentro de uma hora, amanhã, no dia seguinte ou na próxima semana.

Atingir os objetivos da gestão do tempo é como se alimentar: raramente ficamos satisfeitos quando tentamos fazer tudo ao mesmo tempo. Comer dez quilos de picanha de uma única vez seria um exagero, além de bastante desagradável e absolutamente insano. Da mesma forma, quando os objetivos de um trabalho são fragmentados em partes assimiláveis, eles se tornam mais fáceis de avaliar, abordar e ser bem sucedidos.

Os objetivos são mais fáceis de ser atingidos quando partimos de um determinado nível de êxitos, recursos financeiros e perícia, progredindo gradualmente até o próximo nível, através de passos discretos. Cada passo contém um elemento específico da atividade e requer uma determinada quantidade de tempo. A primeira fase da gestão do tempo consiste em decidir quantos passos são necessários.

Suponhamos que o seu objetivo para a semana que vem é realizar uma apresentação para um importante cliente na sexta-feira à tarde. Agora é segunda-feira de manhã. O que fazer? A melhor estratégia é determinar os resultados que deseja alcançar e partir em busca deles, identificando cada ação necessária para atingi-los.

Para causar uma boa impressão na sexta-feira, você precisa garantir que sua apresentação será insuperável. No entanto, uma apresentação completa e precisa é apenas um dos aspectos para que você alcance seus objetivos. Também é necessário mostrar-se interessante, para estimular seus ouvintes e convencê-los a comprar o seu produto. Ambos os enfoques devem chegar simultaneamente ao mesmo destino.

Para melhorar o conteúdo de sua exposição, você pode fragmentá-la em oito ações:

1. Pesquise em seu próprio arquivo.
2. Obtenha informações com seus subordinados.
3. Recorra a fontes externas de informação.
4. Organize a seqüência do material que irá utilizar.

5. Decida quais partes do trabalho irá delegar e para quem o fará.
6. Escreva o que irá dizer ou entregar na apresentação.
7. Comprove-o.
8. Faça com que outra pessoa também o comprove.

Para garantir que sua apresentação seja interessante, você também pode realizar uma série de ações:

1. Determine que partes ou aspectos (se existirem) de sua exposição podem ser destacados graficamente, e que fotografias, gráficos, esquemas ou figuras podem ser utilizados para isto.
2. Elabore conceitualmente cada gráfico.
3. Redija o texto que acompanhará cada gráfico.
4. Decida como irá elaborar cada gráfico e que auxiliares ou vendedores você quer que realizem este trabalho.
5. Reúna-se com estas pessoas para explicar seus propósitos.
6. Supervisione seus progressos regularmente.
7. Ensaie sua apresentação até conseguir transmitir sua mensagem de forma vigorosa, para que ela não seja monótona.
8. Reúna seu material a tempo de fazer uma última revisão.
9. Comprove a demonstração final para se certificar de que está tudo listado na seqüência correta.

Deseja que seu chefe participe da tarefa? Se for o caso, é preciso adicionar uma terceira lista ao seu sumário.

1. Informe ao seu chefe o plano básico de sua apresentação.
2. Solicite suas opiniões e sugestões.
3. Mantenha-o a par de qualquer mudança, problema, etc.
4. Convide-o para o ensaio final.
5. Solicite novamente suas opiniões e sugestões.

Adicionando mais uma ação para a verdadeira apresentação, você terá um total de *vinte e três* passos que devem ser seguidos para conseguir resultados satisfatórios. Cada um destes passos requer um tempo, e todos devem ser levados em consideração para que funcionem eficazmente em conjunto.

Não deixe nada de fora

Talvez os passos que você precisa seguir para atingir seus objetivos não sejam os mesmos que expusemos em relação aos preparativos para uma demonstração a um cliente. Mas seja qual for a sua meta, seu plano deve possuir quatro características:

1. O conteúdo deve ser completo e preciso.
2. O resultado de seus esforços deve ter uma aparência interessante, de fácil compreensão e coerente com sua imagem de profissional competente.
3. Se for preciso, levar em consideração as preferências de altos executivos, clientes e outras pessoas cuja aprovação e/ou cooperação podem ser cruciais para atingir seus objetivos.
4. Nada do que for exposto será possível sem uma

reflexão considerável de sua parte. Por si só, isto exigirá tempo, e você deve se basear nos passos que deve incorporar ao seu plano.

Para se certificar de que possui tempo suficiente para todos os passos necessários, examine cada uma destas quatro características à medida que seus planos forem se desenvolvendo. Você não saberá exatamente de quanto tempo precisará para atingir sua meta até que tenha identificado todos os passos que irá seguir para atingir seu objetivo.

Seja prático quando interpretar a palavra *tudo*. Deixar importantes passos de fora irá comprometer a eficiência de seu plano de gestão do tempo, mas o mesmo pode ocorrer se você fragmentar excessivamente o seu plano em pequenos passos, preocupando-se com trivialidades. Utilize uma quantidade cômoda de detalhamento, mas reconheça que talvez não valha a pena incluir uma determinada ação como um passo separado se ela exigir menos de cinco ou dez minutos para ser desenvolvida.

Não há nada de mágico no número de passos necessários para atender uma prioridade. Se tiver que realizar uma apresentação como a que descrevemos neste capítulo, pode optar por mesclar alguns dos elementos aqui mencionados, ou acrescentar outros.

Adote uma visão a curto prazo

Do ponto de vista da gestão de uma carreira profissional, seria conveniente que você aspirasse alcançar um posto específico em determinado campo ou empresa em cinco anos. Da mesma forma, você deve levar em consideração os limites que se apresentarem nos próximos meses. Com a gestão do tempo, ocorre algo similar: é preciso administrá-lo tendo como base não apenas os pequenos passos, mas também os pequenos intervalos de tempo. Ou seja, restringir suas reflexões a alguns dias por vez. Existem várias razões para proceder dessa forma:

- Concentrar-se em períodos mais curtos de tempo significa levar em conta menos atividades e provavelmente um número menor de complicações.
- A futura trajetória do seu posto e da sua carreira será parcialmente afetada por circunstâncias que fogem do seu controle. Alguns exemplos típicos são: mudança de donos na empresa, crises econômicas, desenvolvimento de novos produtos ou tecnologias, reorganizações empresariais, mudanças na estratégia política da gestão, novos competidores e a perda de colegas de grande valor.
  Você pode preparar planos de contingência para estas situações, mas normalmente é impossível prever exatamente quando ocorrerão. Além disso, você geralmente terá uma idéia melhor do que irá ocorrer na semana que vem do que daqui a vários meses.
- É possível que você saiba quais são seus desejos atuais, mas à medida em que avançar no futuro de seu planejamento, é mais provável que suas opiniões, necessidades e até mesmo prioridades mudem, de um modo que talvez você não seja capaz de prever atualmente.
- Ao longo da sua carreira podem ocorrer grandes mudanças, até mesmo nos próximos meses. Por outro lado, o que ocorrer em um futuro imediato provavelmente será menos transcendental e, portanto, de abordagem mais fácil.

- É muito mais fácil manter a intensidade de seu esforço para fazer algo excepcionalmente bem a curto prazo do que a longo prazo. Principalmente se houver contratempos.
- Um plano a curto prazo pode ser memorizado e, se mudarem as circunstâncias, é mais fácil de ser modificado.

4
Escreva

Redija um programa que será a chave do seu plano de gestão do tempo

Mas os homens são homens;
os melhores às vezes se esquecem.

SHAKESPEARE (OTELO)

Utilize uma agenda

Um dos piores erros que se pode cometer na gestão do tempo é considerar que "tem tudo na cabeça", guardando na memória tudo o que precisa ser feito, quando planeja fazê-lo ou ambos. Quanto mais ocupado estiver, mais atividades terá de realizar, mais pressionado se sentirá, terá diversos prazos a cumprir e provavelmente acabará esquecendo alguma coisa, a menos que utilize um meio eficiente de documentar seus compromissos que possa ser consultado facilmente.

Felizmente esse meio *existe*, e se chama agenda. Há no mercado uma grande variedade de produtos com esse nome, e muitos são realmente bons. Mas não confunda utilidade com publicidade agressiva. Por exemplo, agendas eletrônicas que possuem sistema de alarme para alertar sobre acontecimentos que você considera importante. Um alerta pode trazer lembrá-lo de seus compromissos com semanas ou até meses de antecedência. De acordo com seus conceitos de prioridades, uma atividade que não considere importante não tem motivo para constar da sua agenda. Conseqüentemente, o alarme de sua agenda não irá disparar a cada hora, ou de meia em meia hora.

Não escolha suas agendas de acordo com suas complexidades tecnológicas, pela qualidade de sua impressão, nem pelo material de que são feitos. Sua agenda tem de ser adequada para o modo que pretende utilizá-la. Por exemplo, uma agenda que pode ser levada no bolso ou em uma pasta, não será como um calendário que você pendure na parede do seu escritório, de modo que possa enxergá-lo quando estiver na sua mesa.

De forma geral, uma agenda deve cumprir dois critérios básicos:

- Como você divide suas atividades em semanas, a agenda deve permitir que você veja todos os cinco dias da semana simultaneamente. Existem agendas que são divididas em dias, mas é preciso virar as páginas quatro vezes para ir do início até o final da semana. Em vez de lembrá-lo de seus compromissos com uma simples passada de olhos, estas agendas lhe obrigam a procurar em cada dia, e fica muito mais fácil esquecer alguma coisa.
- Para destacar obrigações futuras, talvez você prefira utilizar calendários mensais. Mas se eles não forem grandes o bastante, não haverá espaço suficiente para escrever os detalhes de seus planos de ação.

O mais importante ao usar um calendário é adquirir o hábito de consultá-lo regularmente, fazendo dele um guia para estruturar a maneira como empregará seu tempo. Utilizado desta forma, qualquer calendário é de grande ajuda, mesmo que você próprio o tenha desenhado no verso de um envelope.

Dia-a-dia

Depois que tiver elaborado a lista de atividades que deve realizar até atingir um objetivo, integre-as a uma programação coerente. Ao realizar uma grande compra, por exemplo, você pode levar em conta as seis principais atividades:

- Determinar o que deseja.
- Elaborar um orçamento.
- Decidir que marca ou modelo adquirir.
- Comparar preços, prazos, disponibilidade e serviço de manutenção de diferentes fornecedores.
- Determinar que fornecedor utilizar.
- Fazer o pedido.

Não pense que estas atividades irão começar ou acabar ao mesmo tempo. Você não pode decidir onde fará suas compras até que tenha comparado os fornecedores, e não poderá se dedicar a isto até saber o que quer e quanto está disposto a gastar. O tempo necessário para cada atividade depende do trabalho que ela implica. Supondo que uma semana seja um período razoável para a aquisição mencionada no exemplo anterior, mostramos na Figura 1 o modo como as atividades se relacionam.

Obviamente, este é um exemplo simplificado. Muitas compras não podem ser feitas num período de tempo tão curto quanto uma semana. E mesmo que isto fosse possível, implicaria muito mais passos do que os mencionados no exemplo. No entanto, seja qual for o número de atividades envolvidas, é possível prever o tempo necessário para concluí-las, e muitas dela irão se *sobrepor*.

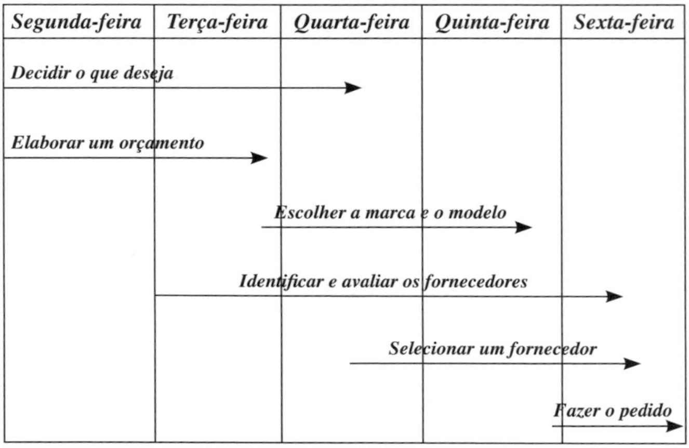

Figura 1. Passos para uma compra

Hora-a-hora

Uma programação diária é apenas um ponto de partida. Ela proporciona uma rápida perspectiva do que você espera, mas não contém elementos suficientes para que possa realmente gerir o seu tempo. Para isso será preciso organizar seu trabalho de hora em hora.

Revendo o exemplo da compra anterior, a Figura 1 mostra que na segunda-feira só houve trabalho planejado para dois dos seis elementos da atividade: decidir o que deseja e elaborar um orçamento. Suponhamos que você decida dedicar três horas à primeira tarefa e uma à segunda. Você pode escrever essas parcelas de tempo abaixo da abreviação de "segunda-feira" em um gráfico que relacione as atividades com os dias da semana, e repetir o mesmo procedimento para os dias restantes. Quando terminar, você terá uma distribuição diária do tempo requerido por cada elemento:

Passos	*S*	*T*	*Q*	*Q*	*S*	Total
1. Decidir o que deseja	*3*	*2*	*1*			*6*
2. Elaborar o orçamento	*1*	*1*				*2*
3. Escolher o modelo e a marca		*1*	*1*	*1*		*3*
4. Identificar e avaliar os fornecedores		*1*	*3*	*2*	*2*	*8*
5. Escolher o fornecedor			*1*	*1*	*1*	*3*
6. Fazer o pedido					*1*	*1*
Total	*4*	*5*	*6*	*4*	*4*	*23*

Agora que já determinou quantas horas necessitará para cada elemento em cada dia, quais serão estas horas? Em que parte da segunda-feira decidirá o que deseja comprar? Suponhamos que seja das nove da manhã até meio-dia. Neste caso, você pode abordar o elemento 2 – elaborar o orçamento – de uma às duas da tarde. Da mesma forma, é possível planejar outras atividades para os outros dias da semana.

Quantifique todas as outras atividades

Durante a semana em que terá de fazer a compra mencionada, é possível que encontre uma série de prioridades distintas, como redigir um relatório sobre uma conferência comercial que assistiu na semana anterior, comparecer a uma reunião de pessoal, jantar com um cliente importante, e começar a preparar um projeto orçamentário para os próximos seis meses.

Algumas delas podem ser decorrentes de um trabalho realizado anteriormente, enquanto outras podem constituir novas tarefas, algumas podendo levar meses. A conclusão de cada um destes projetos deve ser tratada como um objetivo que pode ser fragmentado em diferentes passos, e a cada um deles deve ser reservada uma certa quantidade de tempo, configurando uma programação detalhada, como mostramos na Figura 2.

Salvar o espaço entre os passos

A programação da Figura 2 parece exaustiva, mas na verdade não é. Reflitamos um pouco, para determinar por que. Uma programação divide cada dia em blocos de tempo, e você realiza uma atividade em cada um deles, o que lhe permite progredir em seu objetivo. Mas quando passar de um bloco ao outro, você irá desempenhar atividades diferentes, que podem implicar objetivos distintos.

Na etapa do orçamento da compra, por exemplo, você pode transformar diretamente algumas anotações em um relatório sobre a evolução tecnológica em sua indústria. Isto requer uma reflexão sobre um tema distinto, além de submetê-lo a diferentes pressões. Tais mudanças de enfoque podem atrasá-lo, ou paralisá-lo se não estiver preparado. Mas se você for capaz de incorporá-las à sua programação, conseguirá se deslocar mais facilmente, sem demorar para passar de um bloco de tempo para o outro.

Como fazer isto? Uma maneira consiste em estar preparado de antemão para que os relatórios e materiais de investigação ou de informação já estejam listados quando estiver disposto a mudar de tema. Ou, melhor ainda, você pode designar alguém para a tarefa de preparar uma análise que lhe facilite uma rápida avaliação deste novo tema sem ter que pesquisar durante horas.

Outra maneira de não perder tempo entre uma atividade e outra consiste em programar o tempo de transição entre ambas. Depois de uma reunião em seu escritório ao meio-dia, você pode almoçar em um restaurante do centro da cidade à uma hora da tarde. Para ir do escritório até o restaurante, é preciso andar cinco minutos até o carro, mais trinta minutos dirigindo, e outros cinco para andar do carro até o restaurante. Fazendo uma simples soma, você saberá que, para não chegar atrasado ao almoço, terá de sair do escritório ao meio-dia e vinte.

É preciso reservar o mesmo tempo para a volta. Levando em conta o tempo que levará para comer, você estará enganando a si mesmo se planejar seu retorno ao escritório para a uma da tarde.

<table>
<tr><th></th><th>Segunda-feira</th><th>Terça-feira</th><th>Quarta-feira</th><th>Quinta-feira</th><th>Sexta-feira</th></tr>
<tr><td></td><td></td><td></td><td></td><td></td><td></td></tr>
<tr><td>9h</td><td rowspan="4">Determinar especificações da compra</td><td>Investigar marcas e modelos</td><td>Correspondência</td><td rowspan="2">Avaliar fornecedores</td><td rowspan="2">Avaliação final dos fornecedores</td></tr>
<tr><td>10h</td><td rowspan="2">Reunião de pessoal</td><td>Investigar marcas e modelos</td></tr>
<tr><td rowspan="2">11h</td><td rowspan="2">Finalizar especificações</td><td rowspan="2">Investigar marcas e modelos</td><td rowspan="2">Selecionar fornecedores</td></tr>
<tr><td rowspan="2">Fazer lista de possíveis fornecedores</td></tr>
<tr><td rowspan="2">12h</td><td rowspan="2">Almoço[1]</td><td rowspan="2">Almoço</td><td rowspan="2">Almoço</td><td rowspan="2">Almoço</td></tr>
<tr><td rowspan="2">Almoço</td></tr>
<tr><td rowspan="2">13h</td><td rowspan="2">Elaborar orçamento</td><td rowspan="6">Visitar e avaliar possíveis fornecedores</td><td rowspan="2">Escolha de fornecedores</td><td rowspan="2">Correspondência</td></tr>
<tr><td rowspan="2">Finalizar orçamento</td></tr>
<tr><td rowspan="2">14h</td><td rowspan="6">Começar a redigir relatório sobre a conferência comercial</td><td rowspan="3">Rever o orçamento a longo prazo</td><td rowspan="2">Fazer pedido</td></tr>
<tr><td rowspan="4">Rever as especificações da compra</td></tr>
<tr><td rowspan="2">15h</td><td rowspan="2">Orçamento a longo prazo</td></tr>
<tr><td rowspan="3">Reunião de pessoal</td></tr>
<tr><td rowspan="2">16h</td><td rowspan="2">Selecionar fornecedores</td><td rowspan="2">Relatório sobre a conferência comercial</td></tr>
<tr><td rowspan="2">Jantar com um cliente[2]</td></tr>
<tr><td>17h</td><td></td><td></td><td></td><td></td></tr>
</table>

1. O horário de almoço varia de acordo com os costumes de cada país
2. O horário do jantar varia de acordo com os costumes de cada país

Figura 2. Programação semanal, hora-a-hora

O mesmo se aplica a qualquer outra transação. Talvez, em vez de se deslocar entre atividades, você necessite:

- Conseguir o equipamento ou as provisões necessárias para a próxima tarefa em sua agenda.
- Falar com seu chefe ou com outra pessoa.
- Ter algo para comer (ou encomendar algo, caso decida almoçar no escritório sem interromper o seu trabalho).
- Rever sua estratégia alguns minutos antes de utilizá-la em uma importante reunião de vendas.
- Trocar de roupa (talvez queira trocar de roupa antes ou depois de uma longa viagem, ou se for a um jantar de trabalho após supervisionar a montagem de uma exposição comercial).
- Passar de um tema para outro que exija uma reflexão diferente, como, por exemplo, orçamentos de publicidade, análise de antigas idéias, ou criação de novos *designs*. Algumas pessoas não são capazes de realizar instantaneamente estas mudanças. Precisam "limpar a mente", reservando alguns minutos para realizar tarefas administrativas, como ler a correspondência, ou examinar documentos que necessitam de sua assinatura.

Se refletir sobre este tema, grande parte dos conceitos assinalados irão se tornar óbvios. Sem dúvida, você compreende que é preciso reservar tempo suficiente para ir de um lugar ao outro, e provavelmente também reconhece que é necessário fazer uma pausa para que sua mente possa passar com eficiência de uma série complexa de conceitos à outra.

Trata-se de pura lógica, mas em um dia exaustivo, talvez a lógica não seja seu forte. É possível que você não tenha o tempo ou a presença de espírito necessários para parar e pensar racionalmente. Por exemplo, quando se sente pressionado, ou algum de seus superiores aguarda certos resultados. É possível que não se lembre de todos os detalhes da programação determinada para esse dia.

Veja a facilidade com que isso pode ocorrer. Suponhamos que você dispõe de um bloco de uma hora, entre as três e as quatro da tarde, em que só programou uma atividade: avaliar um relatório de pesquisa de mercado. Ao examinar novamente o relatório, chega à conclusão de que é capaz de lê-lo em trinta minutos; desta forma, decide utilizar parte desta hora para cumprir um prazo pré-fixado. Se, em sua precipitação, esquecer de que precisa de meia hora para o deslocamento ou para uma preparação prévia de sua reunião das quatro da tarde, você se encontrará em um conflito.

A Figura 3 mostra como o programa de compras do exemplo anterior deve se basear, incluindo todas as transações importantes. O tempo reservado para cada atividade é o mesmo que antes. Repare que, em comparação com a versão original da programação (Figura 2), as transições não são, de modo algum, adições insignificantes. Na terça-feira, o tempo de um deslocamento o obriga a trabalhar durante o almoço. O mesmo ocorre na quarta e na quinta-feira, e, para fazer tudo que foi previsto, você terá que trabalhar até mais tarde nestes dias.

Mantenha o calendário bem à vista

Sua programação não servirá para nada se ficar guardada dentro de uma gaveta da sua mesa no escritório, e se você não tiver uma cópia ou não lembrar de seu conteúdo. Quando tiver de se ausentar do escritório, leve consigo uma cópia do seu calendário. Mesmo sentado em sua mesa, é possível que você esteja tão concentrado no que *está fazendo*, que acabe esquecendo o que *deveria fazer*, porque seu calendário está em algum lugar debaixo de uma pilha de papéis.

	Segunda-feira	*Terça-feira*	*Quarta-feira*	*Quinta-feira*	*Sexta-feira*
9h	*Determinar especificações da compra*	*Investigar marcas e modelos*	*Correspondência*	*Deslocamento*	*Avaliação final*
10h		*Reunião de pessoal*	*Investigar marcas e modelos*	*Escolha de fornecedores*	
11h			*Deslocamento*	*Deslocamento*	*Selecionar fornecedores*
		Fazer lista de possíveis fornecedores	*Avaliar possíveis fornecedores durante o almoço*	*Investigar marcas e modelos*	*Almoço*
12h	*Almoço*[1]				
		Finalizar orçamento durante o almoço			
13h	*Elaborar orçamento*		*Deslocamento*	*Avaliar possíveis fornecedores durante o almoço*	*Correspondência*
14h	*Começar a redigir relatório sobre a conferência comercial*	*Rever as especificações da compra*	*Escolha de fornecedores*		*Fazer pedido*
				Rever o orçamento a longo prazo	
15h		*Deslocamento*	*Deslocamento*		*Orçamento à longo prazo*
				Reunião de pessoal	
16h		*Jantar com um cliente*[2]	*Finalizar especificações*	*Escolha de fornecedores*	*Relatório sobre a conferência comercial*
17h					

1.O horário de almoço varia de acordo com os costumes de cada país
2.O horário do jantar varia de acordo com os costumes de cada país

Figura 3. Programação mensal, incluindo as transições

E provavelmente você não é a única pessoa que precisa saber quais são seus planos. Por exemplo, talvez sua secretária tenha de encontrá-lo, ou pessoas que respondem a você precisem de sua intervenção. Se ignorarem sua programação e não tiverem um meio de averiguá-la, eles perderão algum tempo tentando localizá-lo.

O melhor modo de fazer uma programação acessível tanto para você quanto para seus colegas de trabalho é colocá-la bem à vista em uma parede de seu escritório. Seguindo esta orientação, alguns executivos chegam a utilizar calendários grandes o bastante para serem lidos do outro extremo da sala. Há à venda, vários produtos adequados para este propósito. Talvez não sejam muito estéticos para colocar em seu escritório, mas manterão a par de seus planos aqueles que estiverem interessados, e servirão como um lembrete constante que você nunca irá ignorar ou perder.

5
Sempre há mais tempo

Onde consegui-lo
e como utilizá-lo

Buscai e conseguirás.

EVANGELHO SEGUNDO SÃO MATHEUS 7:7

Melhorar a produtividade da sua programação

Você já estabeleceu prioridades, preencheu os intervalos entre elas, aprendeu com a experiência e reduziu rigidamente sua programação. Magnífico. Seu calendário agora é realista.

Mas por mais realista que seja a sua programação, o que fazer se ainda não dispõe de tempo suficiente para executar tudo o que pretende? Você poderia dedicar algumas horas sentindo pena de si mesmo, mas, a menos que isso esteja em sua programação, esqueça. Também poderia levar trabalho para casa e terminá-lo à noite ou durante o fim-de-semana. Talvez seja necessário fazer isso como um último recurso, mas essa é uma péssima solução, pois toma o seu tempo fora do trabalho. Vejamos agora alguns modos mais produtivos de proceder:

Reveja novamente suas prioridades

Talvez você tenha eliminado de sua agenda tudo o que não era importante e descubra que, apesar disso, possui uma programação impossível de cumprir. Se for o caso, volte a analisá-la para determinar o que pode ser postergado e por quanto tempo. Talvez encontre uma tarefa de uma hora que, em vez de hoje, pode ser feita amanhã. Estude sua programação a fundo, e é possível que finalmente encontre o que procura.

Programe o tempo que necessita para realizar telefonemas e tarefas administrativas

Por uma série de razões impossíveis de serem previstas, você será requisitado ao telefone. Sem dúvida, sua secretária conseguirá interceptar algumas chamadas e reorientar outras, mas se seu chefe, alguém hierarquicamente superior dentro da empresa ou um cliente importante estiver ao telefone, você terá de interromper o que está fazendo e atender a chamada pessoalmente. Em outros casos você é que fará os telefonemas. Tudo isso leva tempo. Você já reservou tempo para isso?

E o que dizer da papelada? Se você é um executivo, provavelmente terá que assinar requerimentos, cronogramas, autorizações e muitos outros documentos. Ou talvez tenha que ler alguns, informar-se a respeito e transmiti-los a quem lhes caiba. Isto também exige tempo. Está contido na sua programação?

Se não conseguir encontrar tempo suficiente para o material que precisa ler ou assinar, adicione-o à sua agenda como uma tarefa de meia hora no início do seu dia de trabalho, e outra logo depois do almoço. Ou seja: um compromisso. Não existe nenhuma ordem ou emenda constitucional que estipule a necessidade de que alguém mais, além de você, intervenha para programar um compromisso.

Por que programar estas tarefas? Porque se elas forem atendidas na medida em que se apresentarem, irão se tornar interrupções constantes que o obrigarão a tirar sua concentração do trabalho para depois voltar a ele. Isto demanda mais tempo do que programar a realização de tais tarefas em blocos que não alterem suas outras prioridades. Por exemplo, você pode fazer com que sua secretária recolha e reveja a correspondência interna e externa após o meio-dia para ter isto a seu dispor na primeira hora da manhã, antes que se encontre absorvido em alguma outra tarefa. Da mesma forma, você pode se ocupar da correspondência que chega pela manhã, para respondê-la imediatamente após o almoço, antes que se veja pressionado pelas prioridades da tarde.

A mesma idéia vale para os telefonemas. É impossível programar os telefonemas que receberá, mas você pode sincronizar os que fará com atividades específicas. Por exemplo, se precisa de alguns dados para um relatório que está escrevendo, não poderá programar este telefonema até saber quais são as informações que vai necessitar, e depois não vai querer esperar várias horas. Por outro lado, se souber de antemão que terá de ligar para uma dezena de pessoas para obter as informações necessárias para completar o relatório, você pode agrupar esses telefonemas e programá-los em seu calendário.

Certifique-se de que sabe muito bem como realmente utiliza seu tempo e onde pode introduzir melhoras

Muitas pessoas se consideram especialistas na gestão do seu tempo, mas na realidade o administram desastrosamente. Outras se mostram eficazes em alguns aspectos e deficientes em outros. Não faça suposições sobre seus pontos fortes; saiba quais são suas verdadeiras habilidades, anotando todas as tarefas significativas que realizar durante um período de vários dias.

Inclua desde o trajeto que percorre para chegar a uma reunião, até o ato de redigir um relatório ou de um momento em que estava sentado em sua mesa tentando trabalhar, quando um de seus colegas o deteve para comentar sobre a última fofoca do escritório. Mencione as atividades das quais participou em cada caso, quanto tempo duraram, se mais alguém interveio e, em caso afirmativo, quem foi. A Figura 4 mostra o fragmento de um possível horário com estas características.

Se esquecer de anotar algo, não se preocupe, comece novamente. Seu objetivo é saber como utilizar o seu tempo e, conseqüentemente, é preciso levar em consideração todas as atividades significativas realizadas no período em questão.

Ao final de cada dia, quando todo o ocorrido ainda estiver fresco em sua memória, examine o seu horário e faça a si mesmo perguntas como:

- Eu tinha realmente que fazer todos esses telefonemas?
- Quais deles me ajudaram a atender minhas prioridades e quais foram uma perda de tempo ou não se mostraram tão produtivos como poderiam? Por quê?

Descrição da atividade	*Tempo Inicial*	*Tempo final*	*Tempo transcorrido*
Redação de proposta de vendas para Armare	*1.10*	*1.18*	*8*
Telefonema para Henry	*1.18*	*1.24*	*6*
Proposta de vendas para Armare	*1.24*	*1.45*	*21*
Telefonema para David para conhecer os custos	*1.45*	*1.52*	*7*
Telefonema para Eileen para planejar viagem	*1.52*	*1.58*	*6*
Visita ao escritório de Mark	*1.58*	*2.01*	*3*
Reunião sobre o desenvolvimento de um produto	*2.01*	*3.40*	*1.39*
Perguntas de Bill sobre problemas com seu carro	*3.40*	*3.50*	*10*

Figura 4. Fragmento de um horário

- Tinha que atender todas estas chamadas ou poderia ter delegado algumas, dispondo de mais tempo?
- O que poderia ter feito para obter resultados iguais ou melhores com maior rapidez?
- Quanto tempo fiquei ao telefone em cada hora, em comparação com o programado, e quanto tempo eu economizaria se mostrasse maior firmeza ao limitar a duração das conversas?
- Quanto tempo conversei com outras pessoas? Qual era o tempo programado? Quanto tempo utilizei para simples relações sociais e quanto para trabalho produtivo?
- Quanto tempo gastei com reuniões? Quanto foi perdido? Suportei pacientemente ou encontrei uma forma de aproveitar esse tempo enquanto as outras pessoas se referiam a temas fúteis?

- Quanto tempo perdi com papelada de rotina? Teria sido melhor cuidar disso no início da jornada ou em outro espaço programado?
- Quanto tempo teria economizado se não tivesse sido interrompido com tanta freqüência pelo telefone e pelas diversas pessoas que ficavam me fazendo perguntas?
- Como posso utilizar estas informações para elaborar programações mais realistas?
- Como posso usá-las para cumprir melhor a programação que estabeleci?

  Se ao final da jornada não for capaz de lembrar se houve algum telefonema produtivo, alguma reunião ou uma determinada conversa, é porque provavelmente não houve. Talvez esteja tão ocupado pensando em outros aspectos de seu trabalho que esqueceu temporariamente de alguns detalhes.

Não faça suposições. Dê mais uma olhada em seu horário, e veja se consegue se lembrar desses detalhes agora. Se for capaz de estimar o valor da maioria das anotações em seu horário e só se esqueceu de algumas coisas, este recurso provavelmente será bastante útil. Se não conseguir estabelecer uma parcela de tempo considerável, no dia seguinte descreva cada tarefa mais detalhadamente quando fizer as anotações em seu horário, e utilize um sistema de qualificação. Dê "10" para atividades de grande importância e "1" para uma total perda de tempo.

Aprenda com a experiência

Um horário é apenas um meio para você conseguir

saber algo sobre si mesmo. Você realiza constantemente mudanças drásticas em suas programações? Por quê? Se os motivos se repetirem, você poderá identificar os erros em sua programação e talvez corrigi-los.

Não se limite a estabelecer períodos de transição: faça com que sejam produtivos

Se levar em consideração os intervalos de tempo entre suas atividades, suas programações serão mais precisas, mas não necessariamente mais produtivas. Para que sejam, não se limite a reconhecer a existência de períodos de transição; torne-os proveitosos.

Tenha sempre à mão um mini-gravador, juntamente com um bloco, uma caneta ou lápis, sua programação, uma calculadora, e um papel ou uma agenda eletrônica com os números de telefone que mais utiliza. Se os deslocamentos constituem grande parte de sua jornada de trabalho, considere a possibilidade de dispor de um telefone no carro.

Fica irritado, xingando os outros motoristas quando está preso em um engarrafamento, porque sofrerá um atraso de vinte minutos? Não faça isto. Utilize esse tempo para fazer alguns telefonemas, ou ditar para seu gravador informações que lhe pediram sobre os planos de mercadotecnia do ano que vem, e os resultados gerados na semana passada. Não importa que as cifras de que necessita estão no seu escritório, você pode acrescentar esses dados mais tarde.

Utilize a mesma estratégia durante os outros intervalos de transição, sejam eles planejados ou imprevistos. Você pode tirar proveito de seu tempo mesmo que esteja a bordo de um avião indo para uma conferência, na fila de uma loja, ou aguardando por um cliente em uma sala de espera, para acompanhá-lo ao seu escritório.

Quando não for possível ditar para seu gravador, escreva suas anotações. Se terminar uma atividade com minutos de antecedência, ou se alguma outra começar com minutos de atraso, utilize o tempo disponível para fazer algumas anotações, efetuar alguns cálculos ou realizar alguns telefonemas que constam de sua agenda.

Leve em separado uma lista com as "pequenas" coisas que deve fazer

Algumas atividades, mesmo que importantes, demandam tão pouco tempo que nem vale a pena incluí-las em sua programação. Por exemplo, informar-se da previsão do tempo para saber que roupa levará para a reunião de vendas que deve assistir no dia seguinte, conferir seu saldo no banco, ou marcar um horário na oficina para a revisão do seu carro.

Tudo que demandar alguns minutos pode constar nesta lista: alguns telefonemas, passar no caixa 24 horas para tirar dinheiro, ou um rápido deslocamento até outro escritório para buscar alguns papéis que precisa estudar. Qualquer que seja o conteúdo desta lista, estabeleça uma ordem de prioridades, encabeçada pelas gestões mais importantes.

Agora, você dispõe de um método ideal para tirar proveito destes tempos mortos em sua programação. Quando ocorrer um desses momentos, consulte sua lista, examine a primeira tarefa que ainda não cumpriu, realize-a e faça uma marca para indicar que ela já foi cumprida.

Confirme as reuniões antecipadamente

Antes de ir ao escritório de alguém ou de ceder o seu para alguma reunião, certifique-se de que cada pessoa e cada coisa se ajustam ao programado. Se houver algum atraso, utilize-o para realizar outra tarefa.

Digite suas cartas, memorandos e outros documentos

Sua produtividade ficará comprometida se delegar a outras pessoas tarefas que você poderia realizar com maior facilidade ou rapidez. O melhor exemplo para isso é a utilização de um processador de textos para escrever a maior parte de suas cartas e notas.

Quando redigir um memorando, talvez queira realizar mudanças depois de ler o primeiro rascunho. Essas modificações requerem tempo. Portanto, você pode acelerar seu trabalho reduzindo o número de alterações ou o tempo necessário para realizá-las.

As modificações que pretende realizar podem ser decorrentes da necessidade de acrescentar informações que esqueceu de incluir no primeiro rascunho, mas também podem decorrer de um fenômeno sobre o qual os publicitários e outros profissionais da escrita constantemente advertem: que o impacto de um determinado fragmento de texto depende do modo que ele for apresentado. Por exemplo, o que você escreve será mais compreensível se for expressado de uma determinada maneira. Conseqüentemente, certas idéias se destacarão mais no começo de um parágrafo do que no meio. Da mesma forma, as idéias mais importantes serão mais eficientes no início do texto do que no final.

Mesmo que o seu memorando contenha tudo o que você desejava manifestar, é possível que ele não lhe pareça adequado até que o rascunho esteja digitado. A menos que disponha de uma secretária pessoal, esse texto pode levar várias horas para ser feito. Se deixá-lo para o fim do dia, talvez ele não esteja pronto até a manhã seguinte. E, quando *estiver*, você provavelmente terá que esperar novamente se quiser introduzir novas mudanças.

Você pode fazer isso com muito mais rapidez se digitar o texto. Não é preciso ser um ás do teclado, nem utilizar um programa de computador muito complexo. Existem programas muito simples para processar textos. Com apenas algumas horas de aprendizado é possível dominá-los para utilizá-los da forma que desejar.

Essas horas podem ser seu melhor investimento de tempo. Você não terá de esperar até que alguém esteja disponível para realizar o seu trabalho e conseguirá realizar muitas tarefas no mesmo tempo que levaria para escrever à mão.

E isso não é tudo. Você pode utilizar o computador para armazenar boa parte da sua documentação. Mais tarde, quando desejar recuperá-la, fará isso num instante, sem esperar pela ajuda do pessoal administrativo, nem perder tempo procurando em livros ou arquivos. Se costuma amontoar os papéis sobre sua mesa, o computador não só irá ajudá-lo a encontrar mais rapidamente o que procura, como também permitirá que você arrume sua mesa com maior rapidez antes que chegue algum cliente, ou naquelas ocasiões em que deseja que seu escritório apresente a melhor das aparências.

Outra vantagem de você mesmo digitar seus documentos é que dessa forma sua secretária poderá realizar tarefas administrativas mais importantes que atualmente requerem grande parte do seu tempo, como ter em dia o seu orçamento e as listas de pedidos e correspondência, atender os pedidos de informações dos clientes (e internas), e dar prioridade aos documentos que você tem que rever ou assinar.

Consiga que outra pessoa realize o trabalho para o qual você não tem tempo

A tarefa que você *não tem* que fazer é um trabalho para o qual não precisa de tempo. Isso não significa evitar responsabilidades, nem "passar a bola". Uma característica essencial de um bom executivo é saber quais são as tarefas que fará melhor e quais podem ser delegadas para outras pessoas. Como executivo, sua tarefa não consiste em simplesmente fazer as coisas, mas também em organizar e coordenar os outros.

Trabalhe enquanto come

Você pode comer e trabalhar ao mesmo tempo, fazer anotações, redigir ou ditar um memorando, ler a correspondência e até realizar reuniões. Desta forma, obterá o alimento que necessita e realizará mais trabalho no mesmo número de horas.

Trabalhe enquanto fala no telefone ou em reuniões improdutivas

Não há por que ficar sentado sem fazer nada enquanto, do outro lado da linha, seu interlocutor fala incessantemente ou faz você esperar enquanto consegue determinada informação. Faça algo útil. Procure utilizar um fone de ouvido para ter as mãos livres e poder trabalhar durante os telefonemas.

Você também não tem que se limitar a suportar reuniões monótonas. Ande sempre com um bloco e uma caneta e utilize esse tempo com algum objetivo útil.

6
Planejamento de contingências

Um plano não estará completo se não incluir o que você deve fazer quando sua estratégia inicial falhar

Se não tiver êxito no início, tente novamente utilizando uma técnica melhor.

COM DESCULPAS A W. E. HICKSON

Nenhum plano é perfeito

Obcecado pelo trabalho, Don sempre acumula em seu calendário o maior número de tarefas que puder desempenhar, e logo acrescenta mais algumas. Sua meta pessoal é aumentar sua produção, e ele gosta de mostrar a si mesmo que é capaz de fazer mais do que já fez na última semana, ou no ano passado. Na maioria dos dias volta para casa com um monte de papéis no qual mergulha até o meio da noite.

Se a programação punitiva de Don fosse conseqüência de todo o trabalho que realiza, esse horário seria compreensível. Mas o seu problema não está no quanto ele faz, mas em como se mete em becos sem saída, dos quais só pode escapar fixando-se uma nova jornada de trabalho de dezoito horas.

Diferente de muitas pessoas, Don *calcula* o seu tempo, utilizando cuidadosamente cada hora do seu calendário. Mas no seu afã em produzir, não se permite falhas nem surpresas. Se perceber que irá se atrasar, destroça freneticamente sua programação para conseguir mais tempo.

Mas ele só realiza recortes na medida em que estes não comprometam a qualidade do seu trabalho; dessa forma, quando termina sua jornada habitual, freqüentemente encara tarefas que só poderá terminar em casa. Então, sente-se cansado e tende a cometer erros, mas se considera sem outra alternativa.

Don está equivocado. Como você também estará se planejar suas jornadas sem levar em consideração problemas potenciais. Por mais que se esforce em cumprir sua programação, nunca terá *total* controle do seu tempo.

Veja alguns exemplos:

- Uma mudança meteorológica atrasa um vôo em que estava quando ia para uma importante reunião.
- Corre até seu carro, sem perder um minuto, disposto a cruzar a cidade, e descobre que tem um pneu furado, acabou a bateria ou queimou um farol.
- Chega a tempo para um almoço, mas seu cliente lhe telefona dizendo que chegará uma hora atrasado.
- Comparece pontualmente a uma entrevista com um cliente, mas ele atende vários telefonemas enquanto você fala, dobrando o tempo da entrevista.
- Aparece uma situação urgente e, em vez de realizar normalmente o seu trabalho administrativo, você tem que ler e assinar imediatamente um documento de cinqüenta páginas.
- Passa várias horas redigindo um relatório em seu computador, mas acaba a tinta da única impressora de que dispõe.

Por mais hábil que seja na tarefa de impedir que os outros o façam perder tempo ou o interrompam, sempre haverá telefonemas urgentes de pessoas que não pode deixar de atender. E quando tiver sem tempo para cultivar relações sociais, sempre surgirão visitas esporádicas de pessoas que você não pode, de modo algum, ofender ou rechaçar.

Todas estas insólitas e indesejadas surpresas podem ser causas de demoras, arruinando todos os seus esforços para fazer frente às suas principais prioridades, e a uma programação minuciosamente planejada. Se, em seus projetos, não levar em conta o *planejamento de eventualidades*, você pode acabar como Don: reagindo a tudo o que ocorre ao seu redor sem ter outra opção além de trabalhar à exaustão.

Identifique os problemas antes de eles surgirem

Mesmo que todas as tarefas de sua programação tenham uma grande prioridade, algumas delas terão maior probabilidade de apresentar dificuldades se não forem realizadas imediatamente. É possível identificar os problemas potenciais examinando cada uma das anotações de seu calendário de quatro maneiras:

1. **Determine em que grau uma atividade pode sofrer o "efeito dominó"**. As atividades precedentes foram programadas de um modo pouco realista? Nesse caso, quais são elas, e até que ponto podem ser ajustadas a tempo? Por exemplo, uma reunião que atrase até as dez da manhã pode afetar outra atividade prevista para as quatro ou cinco da tarde.
2. **Identifique os problemas "pessoais" que talvez tenha passado por alto**. Depende de uma tarefa que precisa estar concluída até determinado momento, e que está sendo feita por alguém conhecido por seus

atrasos? De uma pessoa que, por não saber administrar seu tempo, normalmente precisa de três horas para realizar uma tarefa de vinte minutos? De um executivo que freqüentemente se ausenta da cidade e com quem é difícil fazer contato se sua localização não for previamente conhecida?

3. **Examine por quanto tempo é possível atrasar uma atividade sem gerar problemas que você não poderá resolver**. Determine qual é o máximo de atraso tolerável em suas principais prioridades para saber qual pode ser a flexibilidade da sua programação. Você planejou a conclusão de uma atividade para as quatro da tarde. Isso significa que será um desastre se terminá-la com cinco minutos de atraso? Não? Em que caso *seria* um desastre? Se a resposta for "nunca", você não deveria considerar esta tarefa uma prioridade tão elevada.
4. **Volte a se certificar pela última vez que levou em consideração todas as concessões e transições necessárias**. É preciso reservar tempo para:

- deslocamento,
- telefonemas e afazeres administrativos em geral,
- atrasos diversos que não pode prever, mas que com certeza ocorrerão (reserve quinze minutos por hora se não tiver incluído as contingências em sua programação; assim, se precisar, não lhe custará muito conseguir um período mais realista),
- conseguir todos os instrumentos e materiais que pode precisar em uma tarefa.

Uma vez que tenha examinado sua programação levando em conta estas considerações, você saberá que partes são mais suscetíveis a problemas, quais talvez não sejam terminadas, quais têm maior probabilidade de acarretar dificuldades de programação e que margem de segurança devem possuir, – e em quais pontos – a fim de estabelecer as compensações adequadas. As táticas que irá utilizar para abordar estes "e se" constituirão seu *plano de contingências*.

Táticas de contingência habitualmente utilizadas

Cada situação é única; portanto, não existe um plano de contingências que pode ser considerado "típico". No entanto, esteja ciente das diversas técnicas que muitos dos planos de contingências possuem em comum, para superar possíveis problemas de programação.

Alivie sua carga

Você já reduziu sua lista de prioridade em duas ocasiões, e já delegou tudo o que considerava necessário. Mas isso foi antes de aparecerem os problemas. Agora é diferente, você precisa de um plano de eventualidades. Portanto analise tudo novamente.

Talvez possa prescindir de certas tarefas por algum tempo, prolongar o período necessário para realizá-las, conseguir que alguém as assuma, ou postergá-las para quando não estiver tão ocupado. Se a crise atual for muito séria, "limpe sua mesa" por completo e concentre-se em um único objetivo de cada vez.

Acrescente "zonas amortecedoras"

Tem de sair ao meio dia para ir a uma entrevista? Em

vez de reservar uma hora de trabalho a partir das onze, faça com que isto leve apenas meia hora. Sim, teoricamente, isso lhe concede algum tempo "livre", mas também pode ser o amortecedor perfeito para garantir que não se atrasará para a entrevista.

Antecipe-se em sua programação

O que fazer com uma tarefa que você supostamente tem de acabar até sexta-feira? Planeje-se para concluí-la na quinta, ou até mesmo na quarta-feira. Esforce-se o quanto puder para finalizá-la antecipadamente, pois assim estará protegido de dificuldades que, de outra forma, poderiam ser causas de atrasos se você não tivesse levado em conta alguma eventualidade.

Realize primeiro seu trabalho mais importante

Algo que supostamente deve ser feito às quatro da tarde, supostamente está sujeito a tudo o que acontecer nesse dia, antes das quatro. Portanto, seria melhor que isto estivesse encabeçando seu calendário. Assim, o cumprimento deste prazo só dependerá da sua capacidade de realizar os requeridos passos preparatórios no dia ou dias anteriores.

O ruim de fazer primeiro sua tarefa mais importante é que se o seu tempo não for bem programado, talvez você tenha de trabalhar até tarde na noite anterior para adotar, no último minuto, as medidas preparatórias. Às vezes isso será inevitável, mas na maioria das ocasiões se mostrará algo superável. Quando souber que uma coisa tem de estar pronta em um determinado dia, programe o início dos preparativos com três ou quatro dias de antecedência. O ideal é começar uma ou duas semanas antes, se possível.

Divida a tarefa em blocos de tempo, como descrevemos no capítulo 4. Você se surpreenderá com a facilidade que encontrará.

Minigestão de um período de tempo

O seu chefe e o chefe dele se reuniram, passando a manhã com você e seus companheiros na sede central da empresa em Nova York, para decidir os orçamentos para o próximo ano. Você deseja um aumento de cinqüenta por cento em seu salário, mas não conseguirá um centésimo disso se somente sorrir e disser "por favor". Irão querer dados e análises baseados nos seus feitos, e não simplesmente ouvir belas palavras.

Você lhes mostrará isso, e mais. Para convencê-los, seu plano deve iniciar a intervenção, apresentando o protótipo de um novo produto que está desenvolvendo. Durante a semana passada, esteve com uma equipe em um laboratório de pesquisas e desenvolvimento, trabalhando no protótipo. Mas na tarde anterior à reunião apareceram rachaduras no revestimento protetor. Você terá que pintá-lo novamente. A tinta leva quatro horas para secar, mas seu avião para Nova York parte dentro de suas horas. O que fazer?

Seu plano de contingência começa a adquirir forma quando lhe adverte que precisará do modelo antes de sua apresentação terminar, não antes que pegue o avião ou mesmo antes que comece a falar. Você irá dispor de duas horas a partir das dez da manhã; portanto, alguém da sua equipe pode pegar o vôo da meia-noite, e lhe entregar o modelo repintado a tempo. Se necessário, ele também poderia pegar o vôo das oito da manhã.

Levando em conta que a viagem demora duas horas,

mais meia hora no trajeto de táxi desde o aeroporto, você receberia o modelo antes do meio-dia.

Este plano parece muito ajustado, mas não é, de modo algum, forçado. O custo de um trabalho adicional noturno e de uma passagem de avião freqüentemente é insignificante se comparado ao que renderia uma apresentação bem-sucedida.

Modifique seus prazos

Poucos dos prazos que tanto nos esforçamos para cumprir são absolutamente rígidos. Alguns são mais flexíveis que outros, mas muitos podem ser prolongados sem maiores danos. Se em uma determinada situação não for possível tomar nenhuma das medidas anteriores, talvez sua única solução seja reprogramar uma atividade, para completá-la posteriormente.

Se foi outra pessoa que estipulou o prazo que você deve cumprir, procure encontrá-la, e solicite mais tempo. Demonstre que esse tempo adicional será benéfico. Quando isso não for possível sem distorcer excessivamente a realidade, argumente o melhor que puder para convencer essa pessoa de que o atraso não será prejudicial.

Atrase-se

Não adianta nada se reprogramar para chegar a tempo em uma reunião, se um atraso não lhe criar problemas. A única razão de estabelecer planos de contingência é prever e superar os problemas que provavelmente encontrará ao atender suas principais prioridades. Se esses problemas não existirem, você não precisa de tais planos.

Interrompa sua programação pessoal

Se já tentou de tudo, mas ainda resta muito a fazer e não há tempo suficiente, você pode ficar no escritório até mais tarde, ou levar trabalho para casa.

Esta opção foi posta no final porque deve ser considerada o último recurso. Como veremos no capítulo 10, sua programação de trabalho e sua programação pessoal devem permanecer o mais separadas possível, sem que uma influencie a outra, a não ser que não reste outra alternativa.

Ensaie se puder

Imagine que tem uma entrevista com alguém influente. Um chefe, por exemplo. Você batalhou por dias para que ele o receba, pois sua aprovação é crucial para que consiga realizar mudanças sobre as quais refletiu. Daí, o desejo de expor pessoalmente seus argumentos. O único problema é que ele já avisou que só irá dispor de quinze minutos, nada mais. Isso lhe parece o mínimo necessário, mas foi tudo o que conseguiu, e acabou aceitando.

Para tirar o maior proveito desses quinze minutos, prepare-se bem. Reflita sobre os materiais que necessitará para causar uma boa impressão, fragmente sua argumentação em elementos básicos, atribuindo um tempo razoável para cada um, redija cuidadosas anotações e elabore separadamente um esquema de sua exposição que lhe permita expressar suas idéias de modo fluente.

Se você ler suas anotações durante uma apresentação, pode dar a impressão de estar mal preparado, e o chefe pode dizer que lhe faltou eficiência e espontaneidade. Mesmo assim, decorar o que tem a dizer pode ser perigoso; se for interrompido ou esquecer algumas palavras ou frases, pode transmitir uma lamentável sensação de confusão.

A atitude mais adequada é ensaiar sua apresentação e memorizar apenas os pontos principais. De vez em quando use suas anotações como referência, mas só as leia quando citar alguém ou ao expor detalhadas informações técnicas ou financeiras. Depois da apresentação, conceda a seu ouvinte de três a cinco minutos para formular perguntas.

Não se limite a supor quanto tempo necessitará para expor seu ponto de vista ou se referir a um gráfico; ensaie e verifique quanto tempo leva. Desta forma averiguará onde pode abdicar de um ou dois minutos, onde terá de prescindir inteiramente de algo, e em que parte talvez precise de um tempo adicional para expor seus argumentos de modo mais convincente. Se puder, recorra à ajuda de um amigo para escutar e criticar sua apresentação, desempenhando o papel de advogado do diabo perante seus argumentos, e formulando o tipo de perguntas que o seu superior pode fazer.

E quando tiver a oportunidade, aproveite para fazer um "ensaio geral" em qualquer tarefa. Assim, você saberá se necessita de um plano de contingência e também como ele deve ser.

Atualize seu calendário assim que surgir qualquer mudança

Para a maioria das pessoas as programações podem ser qualquer coisa, menos imutáveis. No começo da semana, você só será capaz de dizer o que gostaria de fazer baseando-se naquilo que já conhece. Mas, quando a semana começar, seguramente acontecerá algo que você *não* conhece. Talvez surjam vários imprevistos.

Aceite o fato de que as programações são voláteis, e que serão imprecisas se não forem atualizadas com freqüência, a cada dia ou a cada hora. Uma programação imprecisa é inútil; na verdade, você pode estar perdendo tempo se agir baseando-se em um plano que era válido ontem, mas hoje já não é mais. Portanto, não espere para mudar seus planos. Antes de fazer qualquer coisa, atualize sua programação de acordo com sua lista de "coisas a fazer". Isso só requer alguns minutos, mas são minutos bem utilizados.

7
Saber motivar

Sua destreza na administração do tempo é proporcional à sua capacidade de conseguir que os outros façam o que você deseja

Uma boa conduta merece outra.

Gayo Petronio

Você não trabalha sozinho

Talvez o estabelecimento de prioridades e a programação sejam as partes mais conhecidas do processo de gestão do tempo, mas não são as únicas. E em muitos casos, nem mesmo são as de maior importância, uma vez que, por melhor que se organize, você nunca poderá controlar o seu tempo se só prestar atenção às *suas próprias* necessidades, aos seus interesses, e à *sua* opinião sobre como utilizá-lo.

Se vivesse em um remoto lugar em Marte, sem meios de comunicação com o resto do Universo, talvez o isolamento o fizesse perder o juízo, mas você poderia administrar o seu tempo sem levar mais nada em consideração. No planeta Terra é impossível fazer isso, porque:

- Seria impossível uma vida social sem amigos.
- Fazer parte de uma família significa prestar atenção às necessidades de uma esposa, um marido, um filho, uma filha, um irmão, uma irmã, uma mãe, um pai, ou de vários parentes.
- Como executivo, você deve se relacionar harmonio-

samente com uma série de superiores, subordinados, fornecedores, clientes e colegas.

Uma hora ou outra, cada uma dessas pessoas solicitará um pouco do seu tempo e você precisará do tempo delas. Como assalariado, por exemplo, se lhe pagarem pelo seu tempo, seus chefes têm o direito de esperar que você esteja disponível quando o requisitarem. O mesmo pode ser dito dos seus subordinados, clientes e outras pessoas que precisam de suas informações, orientações, sugestões, instruções ou ajuda para desempenhar suas tarefas.

O problema é que as prioridades de todas essas pessoas podem conflitar com as suas. Precisam de você agora, você responde que só mais tarde, elas o pressionam, você firma sua resistência e elas exercem uma pressão ainda maior. Finalmente, elas cedem e aceitam esperar... ou você cede e refaz sua programação.

Os conflitos entre prioridades são corriqueiros no dia-a-dia de toda empresa. Quanto maior o número de clientes de uma firma, mais empregados ela contrata e mais chefes são necessários para organizar e dirigir esses empregados. Quanto maior o número de empregados, maiores as probabilidades de alguns deles terem prioridades conflitantes.

Busque oportunidades, não problemas

Existem dois equívocos que tornam nebulosa a questão do choque entre prioridades. O primeiro é que, quando os objetivos de duas pessoas se encontram em conflito, uma só poderá "ganhar" se a outra "perder". O segundo é que quem ganha costuma ter mais poder ou uma personalidade mais enérgica. Estas afirmações *são* corretas quando os seres humanos optam por tornar cada diferença de opinião um confronto, mas estes enfoques só servem para encobrir problemas soterrados e, na maioria dos casos, são contraproducentes.

Algumas pessoas naturalmente mostram-se dispostas a cooperar, e aproveitam a oportunidade para fazer tudo ao seu alcance para que você consiga o que deseja. Outras, mais centradas em si mesmas, também o ajudarão a atender suas prioridades, mas somente se tiverem motivos para crer que você se oferecerá para ajudar a atender as delas. De onde vão tirar estes motivos? De você!

A próxima vez que alguém solicitar seu tempo de uma forma que você julgue infundada ou irracional, não considere a situação como um problema, mas como uma oportunidade de conseguir o que quer, requisitando dessa pessoa algo que deseja. Aproveitar tais oportunidades é o único modo realista de proteger sua programação das exigências daqueles com quem suas prioridades são conflitantes.

Sempre conceda algo

Nunca negue categoricamente seu tempo a alguém. Se os outros pensarem que você faria mais se pudesse, é mais provável que se mostrem compreensivos, e é mais difícil que o rechacem se, no futuro, você precisar da ajuda deles. O que você pode oferecer se não tiver tempo disponível? Muito:

Respeito

Certifique-se de que as pessoas saibam que as necessidades delas têm importância para você, mesmo que não as atenda. As pessoas deixarão de solicitar sua cooperação se acharem que você considera as prioridades delas sem importância, ou menos importantes que as de outros. Nenhum cliente, por exemplo, aceitará de bom grado ser postergado para que outro cliente seja atendido, dando a entender que você valoriza mais os negócios com este. Da mesma forma, se deixar de atender outros executivos para falar com alguém do mesmo nível ou, pior ainda, de nível inferior.

Há exceções. Para que não se ofendam pela demora a que os submete, tanto seus clientes quanto seus colegas de trabalho compreenderão habitualmente se você disser que lhes telefonará mais tarde porque seu chefe o solicita agora. Este, por sua parte, entenderá que deve esperá-lo até que termine de atender algum cliente importante.

Alguma coisa é melhor do que nada

Prometa ajudar quando for possível, Melhor ainda, *comprometa-se*. Em vez de dizer não a tudo o que lhe pedirem, responda afirmativamente a algumas coisas. Por exemplo, se em um determinado momento não puder conceder uma hora a quem a solicita, ofereça meia hora ou pelo menos quinze minutos. Dê tempo suficiente para mostrar que deseja ajudar, mas não tanto que a sua programação venha abaixo.

Uma substituição aceitável

Quando conseguir que seu tempo tenha uma grande prioridade na lista de alguém, sugira outra coisa que também ocupe um dos primeiros lugares nessa lista. Se sua oferta for suficientemente atraente, talvez seu interlocutor se sinta motivado o bastante para aceitar a substituição da prioridade.

Suponhamos, por exemplo, que o seu chefe lhe designa uma tarefa que requer três horas da sua tarde. Você não se importa, faria isso com o maior prazer. Mas sabe que, se o fizer, não terá tempo para fazer outro trabalho que talvez lhe interesse mais. Mesmo que seja perfeitamente capaz de realizar essa pesquisa de mercado, seu chefe lhe pediria para fazê-la se soubesse que isso irá atrasar a análise financeira na qual estava trabalhando?

Quando seu chefe lhe encarregar de tarefas que competem pelo seu tempo, certifique-se de que ele conhece os fatos e suas opções. Então, *deixe* que ele decida o que você deve fazer.

Conceda mais do que lhe pediram, mas no momento em que decidir

Se estiver sem tempo hoje, diga quando é o próximo espaço em branco na sua agenda e pergunte o que pode fazer nesse intervalo. Ou ofereça uma substituição atraente, por exemplo, *duas* horas amanhã em vez de uma hoje.

Uma alternativa consiste em prometer para a tarde uma ampliação do tempo ou da informação de que dispõe pela manhã. Se não é tempo nem informação que estão lhe pedindo, talvez sejam mais ilustrações, uma comprovação de suas estatísticas ou a presença de um amigo seu cuja opinião é muito valorizada.

Intercâmbio

Diga aos outros que pode ajudá-los a cumprir o prazo que fixaram se eles o ajudarem a cumprir os seus. Provavelmente não poderá negociar desta forma com seu chefe, mas talvez consiga que ele ofereça um prazo mais flexível se você prometer se adiantar em outra parte da programação.

Não, estas táticas não são independentes entre si, elas estão interligadas. Mas quanto mais usá-las, maior será o controle que terá sobre o seu tempo.

Impulsos básicos

A maior dificuldade em oferecer aos outros uma solução de substituição quando solicitam seu tempo é que não aceitem nada que não seja exatamente isto. Só se mostrarão interessados se aquilo que oferecer ocupar um lugar de destaque na lista de prioridades deles.

A lista a seguir contém muitas das prioridades básicas que motivam a maioria das pessoas:

- Uma promoção.
- Um aumento de salário.
- O alívio de temores específicos.
- Evitar erros.
- Impor-se a alguns competidores.
- Ser desafiado.
- Ser temido.
- Ser admirado ou respeitado.
- Ter mais êxito que os colegas.
- Ser visto como um líder.
- Ser considerado importante.
- Segurança no emprego.
- Manter-se ao nível da inflação.
- Maior liberdade.

- Poder.
- Independência.
- Controle do seu tempo.
- Cortesia.
- Derrota dos competidores.
- Fazer um bom trabalho.
- Satisfação do ego.
- Fama.
- Fortuna.
- Amizade.
- Diversão.
- Ajudar a resolver um problema.
- Impressionar os chefes.
- Aumentar os benefícios.
- Satisfação no emprego.
- Reconhecimento dos companheiros.
- Ser alguém confiável.
- Ser alguém com que se pode relacionar.
- Agradecimento.
- Impor-se em uma discussão.

O mal de uma lista de prioridades é que todos temos os mesmos impulsos básicos, mas cada um possui um modo diferente de classificar suas prioridades. Para conseguir, por exemplo, alimentos, roupas e moradia, todos nós precisamos de dinheiro. Certas pessoas são obcecadas pelo objetivo de ganhar altos salários, enquanto outras valorizam mais os grandes desafios ou a liberdade de tomar decisões.

Outra complicação é que nem sempre somos conscientes do que nos motiva. Alguém pode achar que se mostra prudentemente cauteloso, quando na verdade entra em pânico diante da possibilidade de que o despeçam se cometer algum erro. Outra pessoa talvez considere que suas ações obedecem a uma sólida lógica, quando na verdade, são fruto de um ego hiperativo, que não questiona a validade de suas ações.

A questão é que determinar o que é mais importante para uma determinada pessoa constitui mais uma arte do que uma ciência. O máximo que pode fazer é saber como aqueles que trabalham com você reagem a diferentes circunstâncias e estímulos. Há várias formas de proceder a esse respeito:

Utilize a tarefa e as circunstâncias de uma pessoa como indícios de sua maneira de ordenar as prioridades

- Alguns clientes podem desejar preços menores e um serviço melhor do que o oferecido a outros clientes.
- Pessoas que trabalham em uma mesma função provavelmente desejarão compartilhar os materiais de interesse mútuo.
- Aqueles que competem com você por reconhecimento ou promoções costumam pretender ser mais rápidos, tirar maior partido de você, para impressionar os chefes às suas custas.
- É possível que seus subordinados queiram reconhecimento, respeito, aumento de salário, satisfação em seus empregos e a liberdade de atuar sem ter que solicitar sua aprovação em tudo o que fazem; muitos também desejam desempenhar um bom trabalho.
- Provavelmente os chefes pretendem o mesmo que os empregados além de outras prioridades; entre elas

possivelmente se incluem uma satisfação do seu ego e poder.

Esforce-se para conhecer as pessoas com quem trabalha

Uma opinião baseada nos indícios precedentes normalmente é apenas um ponto de partida, e pode estar incorreta ou incompleta. Mantenha a mente aberta no que se refere aos que estão ao seu redor. É sem fundamento e provavelmente contraproducente considerar que não pode confiar neles, enquanto não lhes oferecer a oportunidade de demonstrarem o seu valor. E o mesmo ocorre quando você aceita tacitamente suas boas intenções.

A atitude mais realista a ser adotada é a que caracterizou a política norte-americana nas negociações sobre desarmamento nuclear durante a década de oitenta: "Confie, mas comprove." Este simples lema serve para qualquer situação que envolva um conflito de opiniões e valores.

Observe as pessoas atentamente e, a princípio, conceda-lhes o benefício da dúvida, depois guie-se por suas ações, não por suas promessas. Sempre é bom estar alerta para determinar quem é ambicioso, quem se preocupa sinceramente com os interesses da empresa, quem coopera e quem não está disposto a realizar todo esse esforço adicional para você se não houver uma promessa de compensação imediata.

Então, sejam quais forem suas conclusões a respeito do que essas pessoas querem, o truque não consiste em impedi-los de conseguirem o que querem, mas em ajudá-los a obter mais do que pretendiam em troca do tempo que solicitaram de você.

Formule perguntas que o ajudem a determinar outras prioridades que pode atender

Você sempre pode fazer perguntas, mas não de modo que pareça um interrogatório. Dê a impressão de que está envolvido e interessado, mas que necessita de mais informações. Qual é o problema? Por que constitui um problema? Porque tem de ser feito tão rapidamente? Qual seria a magnitude do problema se fosse feito uma hora depois? E um dia depois? E uma semana? Por que acreditam que você pode desempenhar essa tarefa melhor do que qualquer um? De que equipamento, pessoal, financiamento e outros recursos você poderia dispor?

Algumas destas perguntas podem não se aplicar, mas não deixe que isso o detenha. Formule outras perguntas que *sejam* pertinentes. E não se espante se o interlocutor parecer incomodado com suas perguntas, não quiser escutá-las nem saber de qualquer contraproposta que você oferecer. Talvez ele seja motivado por um ego que não tolera desafios aos seus desejos e necessidades ou que o impulsione a empreender uma ação contrária ao que foi solicitado.

Por outro lado, se você se negar a tomar uma decisão, a menos que tenha o apoio unânime de seus colegas e subordinados, talvez por medo acabe se equivocando.

Se o seu chefe se encaixa em qualquer um destes perfis, talvez você tenha que se submeter à autoridade dele. Tudo correrá bem desde que alivie seus temores, conseqüentemente, nutrindo o seu ego. Se isso lhe parece excessivamente desagradável, humilhante ou falso, ao menos evite desafiá-lo de um modo que ele se sinta ameaçado, evidencie o medo dele ou que o leve a tornar a sua vida impossível ou a afastá-lo do caminho dele. Seria estupidez colocar o seu emprego em risco para proteger algumas horas do seu tempo.

Examine as tendências a longo prazo, não o que só ocorre uma vez

Identifique os desejos de uma pessoa baseando-se em seus esquemas de conduta e de hábitos, não em situações isoladas. Continue comparando suas observações imediatas com os antecedentes dessa pessoa. Se a exigência estabelecida sobre o seu tempo é conseqüente com o que foi observado no passado, terá uma idéia clara do que se pretende de você e do que pode esperar se proporcioná-lo. Se surgirem contradições, formule mais perguntas.

Quando é você quem pede

Como mostramos no capítulo 5, um modo de liberar parte do seu tempo consiste em convencer os outros a lhe ajudarem, ou a fazerem algumas coisas para você. O melhor modo de conseguir isso não é através da força ou da coação, e sim da *motivação*, convencendo-lhes de que os ajudará a atenderem as prioridades deles, se eles o ajudarem com as suas. Quando é você que solicita o tempo de uma pessoa, procure saber quais são as prioridades dela. Mas lembre-se, as motivações que oferece são "argumentos iniciais", que podem se modificar para encaixar no sistema de prioridades em que essa pessoa opera.

Quando solicitar o tempo de outra pessoa, certifique-se de que sabe exatamente:

- O que espera dela.
- O que ganhará ao lhe oferecer o tempo solicitado.

- Quanta autoridade ou responsabilidade possui.
- A que recursos tem acesso.
- Que critérios utilizará para julgar seu sucesso ou fracasso.
- Que benefícios pode esperar de seu sucesso e o que perderá com seu fracasso.

Se, a princípio, você não sabe ou não quer oferecer essa informação, acabará gastando muito mais tempo depois com explicações e esclarecimentos sobre a sua posição.

O mesmo vale para o tempo que alguém necessite para fazer o que você deseja. Não faça suposições; pergunte às pessoas que realizarão esse trabalho. Se as estimativas delas diferem das suas, discuta as diferenças com elas até chegarem a uma cifra que seja mutuamente aceitável. Os subordinados costumam se sentir ofendidos, não cooperar e render menos quando um chefe que deixou de consultá-los impõe prazos que não são realistas. Se, em vez disso, eles tiverem prometido que cumpririam um programa, é mais provável que se sintam mais envolvidos com a tarefa.

O que quer que faça, trate os outros como pessoas e não se esqueça de que todo mundo responde mais às próprias idéias sobre qual deve ser a ordem de suas prioridades. Por exemplo, algumas pessoas reagem melhor, incentivadas pela promessa de um aumento de salário ou de uma gratificação. Mas você não pode oferecer prêmios em dinheiro cada vez que quiser que um empregado faça algo e, desde já, não será de modo algum capaz de recorrer ao dinheiro quando for requisitar a ajuda de seus superiores ou dos seus colegas. Existem outras formas de motivação: reconhecimento, desafios, empregos bem remunerados com pouco trabalho e, se possuir autoridade suficiente, tempo livre para compensar as horas adicionais dedicadas à tarefa. Como saber a que motivações cada pessoa responderá? Utilizando as técnicas já descritas neste capítulo: observe, faça perguntas e tire as conclusões mais fundamentadas que puder.

Você também tem de compreender que as pessoas sob suas ordens não alcançarão o máximo de sua produtividade se seus calendários estiverem entulhados de reuniões e prazos para entregar informações que só servem para mantê-lo à par da qualidade do trabalho que realizam. Este é um defeito habitual dos chefes de vendas. Primeiro pressionam seus empregados com exigências sobre relatórios de suas gestões e com reuniões, e depois se irritam quando os empregados não dedicam mais tempo às vendas.

Imagine que designou a alguém a tarefa de concluir parte de uma proposta até o final da próxima semana. Sua prioridade é a conclusão de uma meta específica (finalização desse fragmento) em um momento específico (sexta-feira às cinco da tarde). Para expressar a sua concepção do trabalho, diga que:

- Deseja conhecer seu progresso pessoal através de relatórios escritos ou orais de anomalias que identifiquem problemas, que indiquem os atrasos que tais problemas podem causar, e que proponham possíveis soluções.
- Na ausência de tais informações, tomará como certo que o trabalho estará pronto dentro do tempo previsto.
- Não considerará favoravelmente quem perder os prazos de entregas sem antes tê-lo advertido através de

um relatório de anomalias, enviado imediatamente, e que lhe proporcione a oportunidade de adotar uma ação corretiva

Este sistema funcionará bem se você tiver expressado com clareza seus objetivos e expectativas, e se estiver disposto a oferecer novos prazos, ou se alguém se negar a cooperar, você privá-lo de recompensas. Uma vez que consiga que seus subordinados se acostumem a esse modo de trabalhar, poderá estar seguro de que investirão o seu tempo para ajudá-lo a atender suas prioridades sem gerar uma papelada nem constituir uma burocracia.

Seja direto e preciso

Não minta quando solicitarem o seu tempo, ou quando oferecer motivações no esforço para conseguir que outras pessoas comprometam o tempo delas. Não irá muito longe se utilizar as técnicas deste capítulo para reduzir as suas responsabilidades ou roubar o tempo dos outros. Nem de vez em quando? Talvez, mas não todos os dias, nem todas as semanas. Os conceitos apresentados aqui funcionam como uma via de mão dupla. Quando você oferece uma motivação, tem que torná-la real. Se não fizer isso, logo será considerado um falso. A menos que aspire ser considerado masoquista, mas essa reputação não o ajudará a atingir nenhum dos seus objetivos.

8
Os ladrões do tempo

O que fazer quando os outros querem falar mas você quer trabalhar

Quero ficar só.

GRETA GARBO

Tagarelice

Exercer pressão sobre você para que faça algo ou vá a algum lugar não é o único modo que os outros têm de arruinar sua programação. Como veremos nos exemplos a seguir, tudo o que você tem de fazer é conseguir que o escutem:

- Bill apareceu de repente no seu escritório. Você o viu por trás de uma montanha de papéis e, mesmo estando ocupado, ficou feliz em vê-lo. Ele trazia uma cópia de um estudo sobre preços que tinha acabado de realizar. Você o cumprimentou, pegou o estudo e, em vez de voltar ao trabalho que estava fazendo, folheou o estudo e, assinalando uma de suas conclusões, perguntou: "O que significa isto?"

Esse foi o pior erro que você poderia cometer. Em vez de se referir exclusivamente ao tema de sua pergunta, Bill decidiu prolongar sua explicação e começou a relatar por que realizou o estudo, e as hipóteses que determinaram a elaboração de seus resultados. Estes temas lhe interessam, mas agora não há tempo para isso. Você está atolado de trabalho até o pescoço, e este sujeito pretende lhe dar uma lição de história.

- Janet entra no seu escritório enquanto você fala com alguém. Ela se desculpa, mas não se importa em aguardar pela sua resposta ou em averiguar se você está fazendo algo que tem prioridade em relação ao que a levou a interrompê-lo.
- Fred o cumprimenta no vestíbulo, mas não se satisfaz com um simples cumprimento. Começa a falar como um desesperado, como se vocês dois estivessem desfrutando de um agradável dia na praia.
- Você liga para Marcy para lhe pedir o número de telefone de uma grande companhia de materiais para escritório com a qual se relaciona. Ela lhe dá, mas um telefonema para Marcy nunca é breve nem simples. Marcy é uma mulher muito cordial que sempre lhe perguntará sobre sua saúde, seu emprego e sua família.

  E se souber que você tem filhos, pode apostar que ela lhe perguntará sobre como está cada um deles, inclusive o que fazem na escola ou em suas profissões e, se for o caso, onde moram e se constituíram uma família. O que deveria ser um telefonema de cinco ou dez minutos demora quinze ou vinte, algo que você não pode se permitir.
- Ann vai até seu escritório disposta a obter sua aprovação em relação a um novo programa publicitário. Ela explica sua opinião e você a considera correta, prometendo refletir sobre a questão e dando o assunto por encerrado. Mas então, como se acreditasse que você não entendeu o que ela lhe explicou, Ann

repete o que disse com pequenas mudanças no modo de formular. Antes que você consiga garantir que entendeu, ela volta a lhe explicar uma terceira vez. Talvez você não acredite nisso, mas provavelmente Ann não o considera surdo nem estúpido. O problema é que a maneira com que ela expõe seus argumentos consiste em repetir o que disse uma vez ou outra. Portanto, ela seguirá insistindo nesta postura.
- Você parabeniza Jim pela nova armação de seus óculos, mas em vez de simplesmente agradecer, ele conta uma longa história sobre seu oculista e lhe informa sobre os mais recentes avanços em lentes coloridas.

Conceda a essas pessoas o benefício da dúvida. Não as considere "ladras de tempo", que tem como objetivo lhe privar do controle sobre sua programação, isso seria um absurdo. Na verdade, a única culpa que têm é a de não se expressarem bem, serem excessivamente sociáveis ou estarem tão obcecadas pelas próprias necessidades que esquecem as dos outros.

Uma estratégia em quatro frentes

Você pode reagir (ou adotar ações preventivas) com relação a esses falastrões, utilizando qualquer combinação dos quatro recursos a seguir:

- Motive-os a pensar que sua intimidade os beneficiará. Para tal, as técnicas descritas no capítulo 7 serão muito úteis.
- Consiga que estejam cientes da sua situação. Algumas pessoas não se importarão com isso, mas a maioria se sentirá perturbada ou incomodada se achar que está

atrapalhando o seu trabalho. O truque é se comunicar com elas de uma maneira que as faça ficarem quietas, sem que se ofendam ou receiem falar com você mais tarde, quando poderia atendê-las de bom grado.

- Adote medidas para garantir que estará acessível aos outros, mas apenas nas condições em que exerce um rigoroso controle.
- Assegure-se de que não será localizado e muito menos interrompido.

Persuasão Cordial

Quando se encontrar arrastado em uma conversa, refira-se apenas aos assuntos que lhe interessam. Corte imediatamente qualquer argumentação quando desejar passar a outro tema.

Não tolere digressões

Se uma conversa se desviar demais do tema que você pretende, diga: "Mas, o que me diz de_______?"

Preencha a lacuna com o nome do tema que deseja abordar. Outro enfoque consiste em formular perguntas que não podem ser respondidas sem estarem referidas ao assunto que deseja focar. Se pretende, por exemplo, rever alguns programas de produção enquanto seu interlocutor se dedica a falar de futebol, você pode dizer: "Não quero mudar de assunto, Sandra, mas antes que eu me esqueça: O que você quis dizer alguns minutos atrás quando mencionou...?"

O que realmente foi "mencionado" pode ser escolhido de modo mais ou menos arbitrário. Se o que foi dito ajudá-lo a direcionar a conversa, pouco importa do que se trata.

Domine a arte de dizer "sim, mas..."

Quando uma conversa não apresenta sinais de que irá terminar, tente declarar: "Sim, mas...". Comece com uma manifestação de que está interessado, dê seu apoio, e acabe argumentando que não pode continuar a conversa. Veja um exemplo:

> *"Sim, quero saber a sua opinião sobre isso, mas agora mesmo um cliente está esperando que eu retorne uma ligação para lhe dar um preço."*

Para que uma declaração "sim, mas..." seja eficaz, uma ou outra parte tem que cumprir um destes critérios:

- O tempo é limitado por razões que estão além do seu controle e não lhe resta outra opção além de encerrar a conversa.
- A pessoa com quem está falando ganhará algo o deixando só.

Provavelmente, existem milhões de possibilidades de dizer "Sim, mas...". O quadro a seguir mostra alguns exemplos típicos de "sim" e "mas". Você escolhe como combiná-los.

SIM
- Gostaria de falar mais com você sobre isso.
- Isso é interessante.
- Gostaria de poder ajudá-lo.

- Tem toda a razão.
- Está certo.
- Fico feliz que se sinta assim.
- Esta noite, essa será minha principal prioridade.
- Obrigado pela ajuda.
- Gostaria de almoçar com você amanhã para ouvir o resto.
- Entendo.

MAS
- meu chefe está me esperando.
- agora estou reunido com um monte de clientes.
- perderemos um grande pedido se eu não levar estes dados ao chefe de vendas agora mesmo.
- não poderei abordar esta questão até mais tarde.
- conheço essa parte. O que eu queria dizer é que...
- tenho que me apressar para uma reunião.
- amanhã lhe dedicarei o dobro de tempo.
- agora tenho que me concentrar em terminar este relatório que o chefe está esperando.
- eu realmente preciso de sua ajuda é para...

Mostre-se positivo

O que quer que diga, deve vir seguido por uma ação decisiva. Não espere que a outra pessoa saia ou pare de falar; adote a ação que for necessária para retornar à sua programação: estenda sua mão e vá embora, despeça-se e pegue o telefone ou vire-se para o seu computador e comece a bater no teclado.

Isto é especialmente importante quando só lhe solicitaram "alguns minutos" para falar de um problema "crítico". Defenda o seu terreno, prometa ajudar assim que terminar o que está fazendo agora e sugira, se possível, o nome de alguém capaz de proporcionar uma ajuda mais imediata. Mas não ceda, a menos que seja seu chefe ou algum superior tenha feito o pedido. Nada exige "apenas alguns minutos".

Reduza sua acessibilidade

Mantendo a porta de seu escritório fechada, você reduzirá a probabilidade de que alguém o interrompa sempre que tiver pressa. Não há paredes nem portas? Talvez você possa utilizar algumas estantes ou arquivos altos. Isso não o isolará completamente, mas é melhor do que nada.

No entanto, mesmo que trabalhe em uma fortaleza, terá de fazer algo a respeito do aparelho inventado há mais de cem anos por Alexandre Graham Bell. Chama-se telefone, mas poderia ser chamado de "máquina de interromper". Seria impossível sobreviver sem esse dispositivo, mas por outro lado, ele é capaz de se tornar um pesadelo quando você deseja se concentrar.

Quando o telefone toca, tudo o que você sabe é que alguém deseja que interrompa o que está fazendo e ouça o que quer lhe dizer. Muitas vezes você terá de fazê-lo, mas existem outras opções.

Faça com que sua secretária ou a recepcionista recebam suas ligações

Filtrar os telefonemas é uma das funções mais importantes de muitas secretárias. As mais experientes sabem dizer que você está em "reunião" e distinguir as pessoas que o fazem perder tempo daquelas com quem precisa falar.

Encontre alguém que atenda seu telefone por alguns minutos.

É possível que algum amigo ou companheiro esteja disposto a lhe fazer esse favor se você não pedir com muita freqüência.

Utilize um identificador de chamadas

Se você não atender até o terceiro toque, o dispositivo identificará a chamada e mais tarde você pode averiguar quem era e o que queria, e decidir se deve ligar para essa pessoa.

Utilize uma secretária eletrônica

Você está ali e ouve a mensagem, mas para quem está ligando, você poderia estar do outro lado do mundo. Você pode responder a ligação quando souber de quem se trata, ou continuar suas tarefas e deixar a secretária eletrônica gravando. Cabe a você decidir quando e se irá estabelecer contato com quem lhe telefonou.

Os últimos recursos

Talvez se veja obrigado a utilizar táticas que não são do seu agrado quando enfrenta uma tarefa urgente, ou em um ambiente de trabalho que não lhe proporciona as condições ideais para se concentrar no que faz.

Uma dessas táticas é ir trabalhar em outro lugar. Se esconder. Não diga a ninguém onde se encontra e vá à sua casa, ao parque, à biblioteca local, ou mesmo a um escritório vazio nos fundos da fábrica. De modo similar, se não tiver um minuto a perder e avista uma certa pessoa que fala muito e se dirige até você, trate de evitá-la. Esconda-se no banheiro, entre em outro escritório ou dê meia volta e siga na direção oposta.

Se ninguém souber onde se encontra, você pode se refugiar em qualquer escritório, até mesmo no seu. Se dispuser de uma porta, pode fechá-la e trancá-la à chave. E, como na maioria das vezes os telefones têm conexões modulares, você pode desconectar o seu para dar a impressão de que está ausente, ou tirar todos os telefones do gancho, de forma que eles darão sinal de ocupado.

É claro que não convém utilizar nenhuma dessas manobras de "último recurso" como um modo normal de trabalhar, mas quando não houver outra solução e seu chefe aguarda por um relatório dentro de poucos minutos, talvez não reste outra opção.

Isolar-se não é a solução

Algumas das táticas neste capítulo podem parecer exageradas, mas você não se destacará no mundo empresarial sendo moderado. Na maioria das vezes, será julgado pela sua capacidade de realizar os trabalhos dentro do prazo fixado, respeitando o orçamento e dentro de um marco profissional.

O fim *nem sempre* justifica os meios, mas se precisar se "esconder" por algumas horas, faça-o. Não há nada de ilegal, pouco ético, imoral ou inadequado em sumir de vista *temporariamente* para cumprir um prazo.

A palavra-chave do parágrafo anterior é temporariamente. Para saber o que se passa no escritório e estar seguro de que suas opiniões e necessidades são claramente conhecidas, você tem que falar com os outros e eles têm que falar com você.

Por mais que lhe agrade possuir uma proteção mais permanente contra interrupções e tagarelas, quando não se tratar de uma emergência, você não pode se permitir o luxo de agir como Greta Garbo.

É claro que você tem que estar só quando precisar se concentrar. Por isso, *controle* suas conversas e impeça os outros de destruírem sua programação.

A chave está em restringir sua acessibilidade apenas quando necessário, para exercer um controle sobre o seu tempo, sem nunca chegar ao ponto de cortar suas linhas de comunicação.

9
Controlar as reuniões

Como dirigir uma reunião com eficiência e como tirar maior partido de uma reunião deficiente

Para matar o tempo, a arma perfeita é reunir uma comissão.

FRED ALLEN

A pior maneira de perder tempo

As reuniões são um instrumento de gestão necessário e importante para manter as pessoas envolvidas e informadas. Infelizmente, esse instrumento torna-se inútil se não for utilizado adequadamente, e são poucos os que sabem organizar e dirigir reuniões onde não se perca tempo.

Você já sabe disso por experiência própria. Alguém convoca uma reunião, mencionando um tema básico. Quando você se apresenta, não encontra a ordem do dia, assuntos concretos para se tratar, nem um limite de tempo. Para piorar as coisas, a metade dos participantes chega tarde.

Uma vez iniciada, a reunião segue em todas as direções. Aqueles que não conseguiram estabelecer contato com o seu chefe para tratar de outros assuntos mudam de assunto utilizando a ocasião em seu próprio benefício. Alguns aproveitam a oportunidade para apresentar queixas a respeito de questões que não possuem qualquer ligação com o tema da reunião. E outros dedicam-se a formular perguntas sobre assuntos que não interessam a mais ninguém.

Esta seria uma situação suportável se você não tivesse um prazo que expira na primeira hora da manhã seguinte, e passar a tarde em uma reunião significa que terá menos tempo para realizar o trabalho, e talvez tenha de terminá-lo em casa.

A reunião mal conduzida não é um problema isolado e ocasional. Em muitas empresas, elas se repetem uma vez ou outra. Os resultados não são sempre os mesmos: as conversas vagam ao léu de um tema a outro, sem relação entre si, e se prolongam interminavelmente, levando os presentes a se desinteressarem e a passarem pontos fundamentais por alto, sem mencionar a perda de um tempo que poderia ser utilizado em uma tarefa mais produtiva.

Já faz algum tempo que este fenômeno alcança proporções catastróficas em algumas empresas. Muitos executivos importantes passam dias e dias ocupados somente com reuniões. Falam muito sobre seus problemas, mas não fazem muita coisa. E nenhum deles parece se preocupar.

Como deve se desenvolver uma reunião

A próxima vez que tiver de convocar uma reunião, utilize as seguintes orientações. Poupará muito tempo, tanto para você quanto para as pessoas que a assistirem.

1. Onde pretende chegar com a reunião? Estabeleça os *objetivos específicos* do acontecimento.
2. Prepare o que será discutido tema por tema, determinando o tempo que será dedicado a cada um deles.
3. Determine quem deverá apresentar cada informação e a quem pedirá que mais tarde realize algu-

mas tarefas concretas ou consiga uma determinada informação.

4. Estabeleça um limite de tempo que não ultrapasse três horas. Permita bastante flexibilidade, mas indique de antemão quando a reunião será encerrada.
5. Prepare uma lista das pessoas que deseja que compareçam. Exclua qualquer uma cuja presença não seja absolutamente necessária; sempre poderá distribuir uma cópia da ata às partes interessadas que não compareceram.
6. Confirme se todos os que constam na lista poderão comparecer à reunião. Caso contrário, verifique a próxima data e hora em que *estejam* disponíveis.
7. Envie a todos um convite impresso, incluindo os temas que serão abordados. Advirta-os de estarem dispostos a desempenharem seus papéis específicos e para deixarem instruções de não serem interrompidos por telefonemas "urgentes".
8. Comece na hora estabelecida, lembrando que o tempo é limitado e com uma declaração de sua firme intenção de restringir o debate aos temas propostos.
9. Feche a porta para que outras pessoas não entrem e interrompam a reunião.
10. Faça anotações e grave a reunião; os minigravadores são ideais para isso.
11. Prepare-se e ensaie.
12. Seja educado, mas corte firmemente qualquer intervenção que se desvie dos temas em pauta.
13. Advirta cada um dos oradores quando faltar cinco minutos do tempo determinado, e depois quando faltar um minuto.

14. Não permita perguntas ocasionais em uma sala cheia de pessoas que não estão interessadas nas respostas. Quando encerrar a reunião, fale a sós com quem pretendia fazê-las.
15. Encerre a reunião no horário estabelecido.
16. Agradeça a cooperação dos presentes.
17. Prepare e distribua cópias precisas da ata, com uma *lista de ações* que, em conseqüência do que foi tratado, especifique quais ações devem ser empreendidas e quando.

Talvez algumas dessas medidas sejam difíceis de executar se você não se encontra em um nível superior aos demais presentes na reunião. Mas isso não significa que não pode tentar. Assinale os problemas que surgirão se o horário estabelecido para a reunião não for cumprido. Que programações serão atrasadas? Que prazos não serão cumpridos? Que oportunidades comerciais podem ser perdidas? Qual seria o impacto sobre os benefícios, aumentos de salários e abonos?

Existem diversas razões válidas para se encerrar na hora determinada. Talvez a sala não esteja disponível depois do tempo determinado, alguns dos convocados podem estar muito pressionados por outras obrigações, você pode estar esperando um telefonema de um cliente importante, ou essa pode ser a única oportunidade de reunir todas essas pessoas nos próximos meses.

Mas não improvise ao expor estes motivos. Tenha-os à mão. Se apresentar seus argumentos a partir do ponto de vista das prioridades dos *convocados*, daquilo que realmente os interessa, é mais provável que cooperem.

Se o espetáculo é de outro

A primeira pergunta que deve fazer ao ser convocado para uma reunião é: "Eu realmente tenho de ir?" A resposta será afirmativa quando a convocação tiver sido feita por um chefe ou por um cliente que podem se incomodar ou se ofender se você não comparecer. Também será afirmativa se a reunião lhe oferece uma oportunidade única de pontuar algo ou de obter uma informação que precisa.

Mas se tiver algo mais urgente para fazer, não vá. O fato de ter sido convocado não significa que deva comparecer; mas também não se limite a não comparecer. Pelo contrário, envie suas desculpas de antemão, e recorra a todas as suas técnicas de motivação para convencer as pessoas certas de que você se encontra dominado por circunstâncias que não podem ser ignoradas. Mostre que estará ocupado com assuntos mais importantes antes que lhe perguntem por que não compareceu.

Se lhe faltam razões para se ausentar de uma reunião, utilize alguns dos seguintes recursos:

- Apareça com alguns minutos de atraso. Talvez não queira se comportar assim com um cliente, mas se for uma reunião interna que não o interessa, pode ser mais conveniente *não* interromper a conversa que está tendo ao telefone, ou *não* abandonar uma reunião mais importante iniciada antes. Se tiver um bom álibi, utilize o seu tempo do modo que julgar mais conveniente.
- Preste atenção na reunião quando esta o afetar, mas leve algum outro trabalho para aproveitar o tempo quando surgir algum tema que não lhe interessa. Se alguém questionar o seu comportamento, diga que

enfrenta uma crise, explique a importância de rever o assunto, destaque que não tem outra opção e esclareça que o tema que está sendo abordado não lhe diz respeito.

- Envie alguém para representá-lo. Se não dispuser de um subordinado, talvez um amigo entre os convocados aceite apresentar suas desculpas pela ausência e levar qualquer documento que você acha interessante que seja discutido pelos presentes. Não custa dizer que é de sua responsabilidade encontrar este amigo, a desculpa e, se for o caso, o documento.
- Com a desculpa de ir ao banheiro, vá ao seu escritório e reveja a correspondência ou as mensagens telefônicas que recebeu. É provável que tenha ocorrido algo crucial enquanto estava na reunião. Permaneça ausente por quinze ou vinte minutos e utilize esse tempo de forma produtiva. Ao voltar, se alguém lhe perguntar por que demorou tanto, mencione algo importante que acabou de descobrir.
- Chegue na hora, mas saia antes. Se outros forem do mesmo nível hierárquico que o seu, diga que a reunião já não aborda questões que necessitam da sua presença. Se seu chefe estiver presente, pergunte se ele se importa que você saia, já que os temas em debate parecem não requerer sua intervenção e você tem que tratar de outros problemas.

Se as reuniões roubam o seu tempo, a culpa é toda sua, independente de quem as convoca. Para ser produtivo, você não pode se limitar a ir a uma sala de conferências e falar de seus problemas. Tem de *fazer* algo a respeito!

10
A perspectiva

Não limite a gestão do tempo ao seu escritório

O trabalho se expande até ocupar
todo tempo necessário para sua conclusão.

CYRIL NORHCOTE PARKINSON

Quando oito horas por dia não são suficientes

Alguns executivos descobrem que são incapazes de completar seus trabalhos no fim do dia. Independentemente de como gostam de utilizar seus momentos de ócio, permanecem no escritório até tarde ou levam seu trabalho para concluí-lo em casa. Para essas pessoas, esta circunstância não é um fato isolado. Seus planos de contingência começam e acabam trabalhando à noite e seu estilo de vida envolve uma jornada de trabalho de dez a doze horas.

Mas em vez de se "recuperarem", muitos deles afundam cada vez mais em um poço sem fundo, que torna suas vidas e empregos cada vez menos satisfatórios. Por quê? Por várias razões:

- Utilizando as noites, sábados e domingos para trabalhar, não se sentem obrigados a controlar suas programações durante a jornada normal e suas práticas de gestão do tempo tornam-se atabalhoadas. Não se preocupam em estabelecer e controlar horários; carecem de prioridades claras e alguns falam como se fossem pagos por palavra. Por mais que tenham tempo, desperdiçam boa parte dele.

- As pessoas que só se preocupam em controlar seu tempo no escritório, o administram pior ainda em suas casas. Só por acidente ou por pura sorte encontram tempo para realizar seus objetivos particulares. Quanto mais utilizar as noites e os fins de semana para trabalhar, menos poderá utilizá-los para outros fins. Se as prioridades do trabalho são as únicas que tem interesse em atender à noite, todo o resto terá que esperar, talvez indefinidamente.
- Além de tornar sua vida estéril, o excesso de trabalho e a ausência de lazer são fatores determinantes de ataques cardíacos, frustração, esgotamento, divórcios e erros que são comumente cometidos quando o cansaço impede uma reflexão clara.

Evidentemente, as emergências isoladas existem, mas se acostumar a terminar seu trabalho roubando tempo de sua vida pessoal é como varrer a sujeira para baixo do tapete: oculta o problema mas não resolve nada.

Separados, mas iguais

Exercer um controle do tempo é uma maneira de pensar, um marco mental que não pode se colocar em andamento e parar. No começo do dia (principalmente nas manhãs de segunda-feira), ao voltar de viagens ou de férias, é duro retornar à mecânica do trabalho porque é difícil desenvolver a disciplina para administrar o tempo quando não há necessidade.

Mas quem disse que você tem que deixar de administrá-lo quando sai do escritório? Para tirar maior proveito de seu tempo, tenha duas programações – uma para o trabalho e uma para o resto – que estejam separadas, mas que sejam equiparáveis e estejam concebidas de modo a que possa passar de uma à outra sem perder o compasso.

Quando sai do trabalho às cinco da tarde, talvez seja difícil deixar de pensar nesse cliente arrogante que o chamou de Perth Amboy há alguns minutos. Esforce-se para mudar de uma programação para outra, e conseguirá apagar isso de sua mente e pensar em suas questões pessoais.

Controle o seu tempo pessoal

Talvez não disponha de muito tempo para si mesmo, mas ele nunca lhe faltará por completo e provavelmente você possui mais do que imagina. Tudo o que precisa para começar a exercer um controle de seu tempo pessoal é conseguir uns minutos aqui, mais alguns ali, e a vontade de cumprir sua programação. Assim que se conscientizar da facilidade com que pode se reservar alguns breves períodos, encontrará uma maneira de ter cada vez mais tempo.

Parte do que ocorre em sua casa é similar ao que ocorre no trabalho e, se este for o caso, pode utilizar técnicas parecidas. Você pode encarar as reuniões sociais dos fins de semana da mesma forma que faz no escritório. Se tiver muitos amigos e parentes, é possível que se veja constantemente solicitado para visitá-los por uma ou outra razão todo sábado e domingo.

Por mais que goste dessas pessoas e desfrute de sua companhia, não aceite um convite automaticamente assim que ele for feito. Só aceite se as suas prioridades lhe indicarem que não há nada mais importante para fazer. Talvez necessite desse tempo para realizar uma pequena empreitada, estudar para conseguir um título universitário, ler livros que comprou há algumas semanas, relaxar e recarregar as baterias, ou estar a sós com alguém que significa muito para você. Se deseja utilizar seu tempo da maneira que preferir, terá de recusar educadamente alguns convites, mencionando compromissos ou culpando seu chefe, o professor da escola ou qualquer outra pessoa que possa culpar por sua situação.

Se não for capaz de recusar um convite, seu plano de contingências pode consistir em ir, mas deixando claro que só poderá ficar alguns minutos. Quando convir, faça uma pausa no que está fazendo, certifique-se de que quem o convidou soube da sua chegada, e deixe o lugar discretamente.

Lembre-se de que estamos falando do *seu* tempo; portanto, use-o como preferir, mas lembre-se de planejá-lo. Se, por exemplo, uma atividade exigir a solidão ou que saia de casa, não deixe para fazê-la depois do almoço ou em outro momento em que sua família deseja conversar com você ou pedir um pouco do seu tempo.

Assim que descobrir uma programação que funciona, esforce-se para mantê-la. Se telefonar para um amigo em um período que reservou para questões familiares, não deixe que a conversa se arraste. Utilize uma das declarações "Sim, mas..." para postergar a conversa para um momento mais conveniente: "Adoraria falar com você agora, mas estamos almoçando; te ligo dentro de uma hora."

Da mesma forma, se tiver prometido ajudar esta noite algum membro da sua família em um delicado problema pessoal, inclua essa promessa em sua programação e *não* leve para casa pastas cheias de trabalho. E se surgir um imprevisto, faça o que achar melhor, mas tenha um plano de contingência à disposição... simplesmente porque pode precisar de um.

O objetivo de controlar o tempo não é simplesmente realizar algo de acordo com uma programação estabelecida. Nem mesmo cumprir prazos determinados por seus chefes, clientes ou qualquer outra pessoa. Qual é a razão de exercer um controle sobre o tempo? A única razão válida é *melhorar a sua capacidade de atingir objetivos específicos*.

Por mais valiosa que seja a gestão do tempo, é preciso mantê-la dentro de uma perspectiva. A forma de manter a perspectiva é se concentrar nos *fins* que pretende atingir, não na programação nem em outros meios utilizados para alcançar tais fins. Como destacamos anteriormente, nada estará perdido se chegar tarde, mas mesmo assim atingir o objetivo visado. Na verdade, pode ganhar algo direcionando suas energias para outras situações em que perder um prazo o *impediria* de atingir seu objetivo.

Em seu trabalho, cuide para que o seu controle de tempo não seja tão rigoroso que lhe negue a oportunidade de receber contribuições importantes. Você deve considerar as pessoas com fontes de informação, mesmo que sejam causas de interrupções. Não será verdadeiramente eficaz se isolando do mundo; portanto, escute o que os outros têm a dizer. Se pretende evitar que o interrompam no pior momento, programe períodos específicos para lhes telefonar ou fazer uma visita, um por um ou em grupo.

Siga adiante e progrida sem parar

Nós nos referimos aos elementos básicos da gestão do tempo. Só falta mencionar a perseverança. Talvez a maior frustração enfrentada por um executivo seja aceitar o fato de que, em algumas situações, seu tempo será controlado por pessoas e circunstâncias diante das quais se sentirá impotente.

O mesmo pode ocorrer em casa; portanto, certifique-se de que sua programação não seja rígida demais, tornando-o inacessível para sua família e amigos. Você não desfrutará de uma vida satisfatória se, por exemplo, seu cônjuge e filhos só conseguem vê-lo em raras ocasiões, porque se encontra constantemente ocupado com reuniões ou outras atividades. Não conseguirá ter muita intimidade com outras pessoas, ajudá-las ou esperar que se aproximem de você, se só conseguirem falar com você após marcarem uma entrevista.

Uma forma de evitar este problema é programar um "tempo para estarem juntos". Isto não é tão trivial nem tão difícil como parece, e *pode* ser eficiente. A "hora" do jantar, por exemplo, é um momento ideal para que cada um fale o que é do interesse de todos. Depois do jantar, convém reservar meia hora para quem quiser falar com você em particular.

A administração do tempo *não* deve segregá-lo do resto da humanidade; pelo contrário, deve ajudá-lo a atingir seus objetivos, permitindo que se relacione com outras pessoas no momento e lugar que *você* considere satisfatórios.

Este livro foi composto
em Times Roman pela
Globaltec Produções Gráficas
para a Editora Planeta do Brasil
em maio de 2005.